JN135106

知識労働と余暇活動

山田良治

日本経済評論社

目次

第Ⅱ部　賃労働論

凡例

一、原則として著者名・出版年の二項目について、引用文に続く（　）の中に記載している。また、比較的まとまった文章を引用している場合には、併せて頁番号を記載している。書名、出版社については、巻末の文献リストにまとめて掲載している。

一、外国書については、邦訳版がある場合には、頁は邦訳版の頁番号を、ない場合には原書の頁番号を記載している。

一、邦訳『資本論』については『マルクス・エンゲルス全集』版を用い、書名と①～③巻の区別、頁番号を、『資本論草稿集』に収録されているK・マルクスの著作については、原則として書名（『草稿集』と略記）、巻・頁番号のみを記載している。また、これらに含まれていない『経済学・哲学手稿』（『経哲手稿』と略記）は、国民文庫を利用した。すべて大月書店から刊行されたものである。なお、マルクスの著作については、「主要参照文献」には記載していない。

序——課題と構成

自由に課題を設定し、それを共感と共同の力でやりとげることに、人は何ものにも代え難い幸福を感じることができる。一方、理不尽な行いを強制され、抑圧的で敵対的な関係に直面する時、耐えがたい不幸に見舞われる。動物一般から人間を区別する行為、それは労働である。とすれば、何をおいても労働の中に自由と幸福を見出すことこそが、人間的幸福の根本であるはずである。この場合、現代の労働の特質は、端的に言って精神的労働あるいはサービス労働の発展に集約することができる。「知識労働」が牽引する「知識社会」の到来に、工業化社会で見られたような社会的諸矛盾の解消が期待されて久しい。ところが、現実には失業はなくならず、貧困化が広がっている。運良く生きていける労働環境に入り込むことができた場合でも、過酷なノルマや残業が強制される結果「過労死」が後を絶たず、ハラスメントに耐えつつ身を削る競争社会に立ち向かわねばならない。すべてではないにしても、これがこの社会のありふれた日常である。

その一方で、非労働生活としての余暇活動が多様化している。人々は「人の役に立ちたい」という意欲に突き動かされて、災害ボランティア等の支援活動に進んで飛び込み、まちづくりのための協働活動に献身的に参加する。スポーツ活動の中に競争を超える友情と連帯を見出したり、文化的諸活動にともに携わる共感の輪の中で感動の涙を流すことも、身の回りに垣間見る幸福の形である。あるいはまた、観光のグローバルな発展は、今日の余暇活動の高度化を象徴する。しかし、これらの余暇活動の発展も、バラ色一色で描くことはできそうにもない。現実には、世界各地で頻発する暴力や生活水準の社会的・地域的格差の広がりが、余暇の過ごし方にも不気味な暗い影を落としているからである。

これらの事実は、労働における強制・不幸と余暇活動における自由・幸福というような単純な図式では、現代人の生活が捉えられないことを示している。労働の中にも幸福が、余暇の中にも不幸が存在している。さらに言えば、両者は別々の独立した問題であるわけではない。もっとも根本的には、労働生活と余暇生活は、個人の生活においてひとつの有機的な全体を成しているという事実を忘れてはならない。

この場合、個人の生活が全体として幸福にならない限り、部分的幸福が果たして成り立つだろうか。人間的幸福の実体と可能性を論じる以上、労働と余暇活動の両方が射程に捉えられる必要がある。

さらに言えば、他人の不幸を前提として個人的な人間的幸福が成り立つだろうか。この点での本書のスタンスは、宮沢賢治の言葉を借りるならば、「世界がぜんたい幸福にならないうちは個人の幸福はあり得ない」(宮沢『農民芸術概論綱要』) という点にある。個人の自由・幸福と社会のそれがメダルの表裏であるとすれば、問題は社会的な関係において把握されなければならない。

本書は、こうした問題意識に立って、現代社会に生きることの意味を、労働と余暇活動との関係において描くこと、言い換えれば、人間・組織一般、資本主義社会一般の存在様式の理解の上に論じることを課題としている。

全体は、「労働論」、「賃労働論」、「余暇活動論」の三つのパートで構成されている。労働一般を扱った第Ⅰ部が全体のベースをなし、第Ⅱ部がその資本主義的形態を、第Ⅲ部がそのメダルの裏側とでも言うべき余暇活動を対象としており、そういうものとして体系的な一つの全体を成している。そのベースにあるのは、マルクスの人間論であり、マルクスの考え方から現代社会を捉え、そこでいかに生きるかを考えようとするものである。

なぜ、マルクスか？「脱工業社会」論を唱えたD・ベルは言う。「先進工業社会の社会的発展に関する諸理論を論考する」際の「出発点は必然的にマルクスである」（ベル、一九七三）と。ベル自身は「脱マルクス」を、本書でやや詳細に取り上げるP・ドラッカーは「反マルクス」を掲げる。要は、理論的スタンスの如何を問わず、現代社会を捉えようとする主要な議論は、マルクスを踏み台にしてきたという社会科学の歴史がある。そして、今日においても、というよりはむしろ「不確実性」（J・K・ガルブレイス）が支配する今日においてこそ、マルクスの議論に対する評価を抜きにして、多少とも体系的に現代社会を語ることは困難であるように見える。

今回、本書の執筆を通じてとくに痛感したことは、ベルやドラッカーが批判の対象としているマルクスの思想・理論、あるいは「マルクス主義」なるものの理解が、マルクス自身の認識と大きく隔たっているように見えたことである。一方で、問題の根は、「脱マルクス」・「反マルクス」主義者の議論もさることながら、それ以前に「マルクス主義」の側にもありそうである。これらの諸事情が、今日における社会科学の発展を強く制約してきたのではなかろうか？

こうした問題意識から、本書は、マルクスの生産・消費論、労働論を、その根本に遡って改めて整理するとともに、その理解との整合性の下に非労働時間（余暇）における人間的行為をも射程に捉えることによって、現代社会に生きる人間の生命活動の総体的過程をその深層において把握しようとするものである。そして、その労働・余暇論の地平において、近未来における自由と幸福の実現を展望している。

第I部は、マルクスが展開した労働論の基本について述べている。本書のオリジナリティはとくに、労働の「循環的規定」を、「本源的規定」（『資本論』）との区別において概念化したところにある。それは、人間・組織を対象とした生産・消費活動を含めて、人間の生命活動をその全体像において捉えるということに他ならない。こうした発想は、いわゆる「マルクス主義」の「通説」的理解に対する根本的な批判となっている。初めてマルクスの労働論に接する読者にとっては特段の違和感を感じないであろうが、「通説」的理解になじんだ人々にとっては、賛否いずれの立場をとるにかかわらず新鮮な理解と映るはずである。

第Ⅱ部では、第Ⅰ部からの必然的な結果であるが、とくに「非物質的生産」が資本循環に取り込まれる場合の特質の解明に力点を置いた。その多くの部分は、断片的にはすでにマルクスが論じていたものであるが、『資本論』ではあえて対象とされなかった領域を正面から整理し位置づけたものである。この領域をめぐっては、従来から「サービス労働」論や「コミュニケーション的行為」論の分野で、論争的な議論が行われてきた。これらに対する本書のスタンスからの批判的総括も行っている。さらに、現代社会における労働の特質について、その代表的論者の一人と目されるドラッカーの「知識労働」論の批判的検討と併せて、現代社会における労働疎外、人間疎外の特質を論じている。

第Ⅲ部では、賃労働としての労働時間の外側で行われる生命活動としての余暇活動の本質と現代的な特質を検討した。この分野でしばしば引き合いに出されてきたJ・デュマズディエやS・パーカーの余暇論は、それ自体としては正当なことであるが、「労働・余暇関係」論に中心的な問題関心を置いている。しかし、そこでの労働論は、本書の第Ⅰ・Ⅱ部で論じたような内容を踏まえたものとは言い難く、その難点が彼らの余暇論にも反映している。そこで、代表的な議論を批判的に振り返りつつ、本書のスタンスからの余暇（活動）論を展開した。なお、終章は、やや補論的であるが、本書の理論的スタンスから、日本という「企業中心社会」を対象として、そこでの余暇活動の展開と特質を概観したものである。

なお、右のような内容からすれば、書名を「労働と余暇活動」としてもよかったが、問題の今日性を強調する意味から、あえて「知識労働」という表現を用いた。

第Ⅰ部　労働論

第一章　自然を対象とした生産と消費

1　生産と消費の関係

人間の生命活動の二大要素は生産と消費である。このことをマルクスがどのように論じているかということから出発することにしよう。彼の主著『資本論』は、その名のとおり、資本という特殊歴史的な実体を論じたものである。生産に関するそこでの課題は、したがって、なによりも資本主義的生産の解明に置かれているが、資本主義社会に特有な歴史的形態を解明することは、普遍的な実体との関係を明らかにすることである。労働と余暇活動との関係を論ずる本書もまた、そうした歴史貫通的な観点で生産と消費の概念を整理することから出発したい。

動物の生命活動は一般に、自己の外的環境に働きかけて得られた食料等を消費・排泄することで自らを再生産し、生殖活動を通じて個体を超えたその継承を実現していく。人間もまたその例外ではないが、動物と決定的に異なるのは、外的環境に対する働きかけが労働という形態をとることである。生産過程は、労働手段と労働対象という自然に対して、人間が労働を通じて働きかける過程である。

人間に役に立つ生産物を獲得するために、人間は、労働を通じて、外的自然を労働手段および労働対象として消費する。例えば、建物を作るために、金槌やのこぎり（＝労働手段）そして木材や石（＝労働対象）を消費する。このように新たな生産物を作り出すために行う消費を生産的消費という。したがって、生産とは、労働による生産的消費であると言うことができる。

これに対して、人間の生命活動にはいま一つの側面、すなわち、生産物を、自己の生活（生命の再生産）のために摂取・享受する行為がある。一般的にはこれを消費と言うが、生産的消費と区別して、個人的消費と呼ばれている。生産と消費（個人的消費）の関係について、マルクスは『経済学批判要綱』において次のように述べている。

生産は直接に消費であり、消費は直接に生産である。それぞれが直接にその反対物である。だがそれと同時に、両者のあいだには一つの媒介的運動が行なわれる。生産は消費を媒介し、消費の材料を生産はつくりだすのであって、生産がなければ消費にとってその対象がないことになる。しかし消費もまた生産を媒介する。なぜなら消費が生産物にたいしてはじめて主体をつくりだし、その主体にとってこそ生産物は生産物だからである。生産物は、消費ではじめて最後の仕上げを受ける。（『草稿集』①、三七頁）

この叙述に示された生産と消費の同一性と相互補完的関係について、角田修一氏は次のように説明している。

マルクスによれば「消費は直接に生産でもある」。それは「人間を生産する」という意味である。つまり「どの消費もなにかの仕方である方面から人間を生産するものである」。この「消費的生産」は「本来の生産」とは本質的に違うものである。「本来の生産」は生産者が物化するのにたいし、「本来の消費」は物が人格化する。以上のように、生産が消費であり、消費が生産であるという直接的同一性が、まず第一である。次に、両者の相互媒介関係、相互依存関係である。消費は、そこではじめて生産物をその目的にしたがって実証するという意味で、生産を仕上げる。さらに、消費は新たな生産への欲求をつくりだす。いいかえれば、生産の根拠、生産への衝動、生産の対象や目的をつくりだす。他方、生産は、(一)消費の材料をつくりだし、(二)消費の仕方を規定し、(三)消費への欲求や衝動、消費能力をつくりだすことによって、消費をつくりだす。生産と消費は、それぞれが自分を完成することによって他者をつくりだすのである。(角田、一九九二、九三・九四頁)

このように生産と消費は人間の生命活動という一つの全体を構成する不可欠な二つの要素である。このうち生産は、人間が道具を使って対象を加工する行為(＝労働)であり、人間がまさに人間であることの根拠は、労働する存在である点にある。労働によって展開する生産こそが出発点であり生命活動の言わばエンジンであるとすれば、消費はこれなしには過程が目的(＝行き先)を失い、生命活動サイクルを完結できない「最後の仕上げ」である。

2　労働の「本源的規定」と「循環的規定」

マルクスより半世紀ほど早く生まれた哲学者G・W・F・ヘーゲルは、人間の生命活動の根源を「絶対知」という精神的な運動において捉えた(ヘーゲル、一八〇七)。これに代えてそれを「意識的な生活活動」としての労働に求めたのがマルクスであった。『経済学・哲学手稿』の中ではこの点が次のように述べられている。

動物はそれの生活活動と直接に一つである。動物はそれの生活活動と区別されない。動物はそれの生活活動である。人間は彼の生活活動そのものを、彼の意欲および彼の意識の対象とする。人間は意識的な生活活動をもっている。それは、人間がそれと直接に融合するような被規定性ではない。意識的な生活活動が人間を動物的生活活動から直接に区別する。まさしくこれによってのみ人間は一つの類的存在である。あるいは、人間が一つの意識的な存在であるのは、すなわち、彼自身の生活が彼にとって対象であるのは、ただ、まさしく彼が一つの類的存在であるからにほかならない。ただこのことによってのみ、彼の活動は自由な活動である。（『経哲手稿』、一〇六頁）

ここで、「意識的な生活活動」とは、「あらゆる社会的生活は本質的に実践的である」（『フォイエルバッハ論』）とも述べられているように、一般に「実践」という行為を指す。そして、「あらゆる社会的生活」としての実践において、それが人間的であることの根幹をなす行為が労働である。マルクスは、人間の社会的生活としての実践を、何よりも労働において捉えた。多くの労働論において基礎になる、とくに重要な部分を引用しておこう。まず、もっともよく引用される、『資本論』の記述は以下のとおりである。

労働は、まず第一に人間と自然との一過程である。この過程で人間は自分と自然との物質代謝を自分自身の行為によって媒介し、規制し、制御するのである。人間は、自然の物質にたいして人間自身一つの自然力として相対する。人間は、自然の物質を、人間自身の生活のために使用されうる形態で獲得するために、人間の肉体にそなわる自然力、腕や脚、頭や手を動かす。人間は、この運動によって人間の外の自然に働きかけてそれを変化させ、そうすることによって人間自身の自然〔天性〕を変化させる。人間は、人間自身の自然のうちに眠っている潜勢力〔潜在能力〕を発現させ、その諸力の営みを彼自身の統御に従わせる。（『資本論』①、二三四頁）

また、別の箇所では、次のようにも述べられている。

人間は、衣服を着ることの必要に強制されたところでは、だれかが仕立屋になるよりも何千年もまえから裁縫をやってきた。しかし、上着やリンネルなど、すべて天然には存在しない素材的富の要素の存在は、つねに、特殊な自然素材を特殊な人間欲望に適合させる特殊な合目的的生産活動によって媒介されなければならなかった。それゆえ、労働は、使用価値の形成者としては、有用労働としては、人間の、すべての社会形態から独立した存在条件であり、人間と自然とのあいだの物質代謝を、したがって人間の生活を媒介するための、永遠の自然必然性である。(『資本論』①、五八頁)

人間以外の動物も生きていくためには食料を調達したり巣を作ったりしないといけないが、そうした生命活動を労働と呼ぶことはできない。なぜなら、労働という生命活動においては、ゴールとしての労働の目的があらかじめ意識されている。人間は、目的に向かって目的達成に必要と思われる手段・対象を認識し、これらを統合する実践的行為として生命活動を展開するからである。人間は、その過程でさらに、自分自身をも変革の対象とする。人間の生命活動は、自らの外的自然と内的自然との循環的な新陳代謝を意味する。人間自身もまた自然の一部であり、その限りで物質の一部であるが、生命体であることによって自然一般と区別され、さらに対自的な存在、すなわち自己意識・精神を持った生命体であることによって生命一般さらには動物一般からも区別される。

なお、マルクスは、『資本論』における右の労働過程に関する一連の叙述を、「生産的労働の本源的規定」と述べている。それは、人間の存在と発達を規定する行為としての労働過程の「単純な抽象的な諸契機」に関する規定である。それが「本源的」であることの所以は、人間がそこから分離した母体としての自然(=物質的自然)との関係における規定であるという点にある。

しかし、人間が社会的人間として存立し、社会的な関係の中で生命再生産を行う過程に目を向けると、労働過程の規定を、「本源的規定」で述べられた諸契機にとどまらない新たな契機を含むものとして拡張する必要が生じる。「本源的規定」と区別するために、このような意味での再生産論的視点による一般的規定を「循環的規定」と呼んでおくことにしよう。

「生産的労働の本源的規定」の位置づけに関する以上の説明は、社会経済学あるいはマルクス経済学の基礎的知識がある読者から見れば、常識的理解とは大きく違っていることに気づくであろう。この問題への立ち入った検討は第五章において改めて論じているので、さしあたりはこの理解にしたがって読み進めていただきたい。

一般的に言って、ある運動を、本源的な過程として捉える場合に重要なことは、本源的過程の中にはすでに循環的過程の本質が胚胎していること、一方で、循環的過程には、本源的過程ではまだ問題とならなかった、あるいは問題とする必要がなかった新たな本質的契機が加わるということである（詳しくは九九頁参照）。

後者に関して結論を先取りするならば、そこでは、自然を対象とする労働に対して、人間・組織を対象とした労働、人間と自然との物質代謝に対して人間相互間の関係行為に関わる労働が加わる。言い換えれば、物質的生産労働と並んで非物質的生産としての精神的労働・サービス労働が、労働の本質的な契機として登場するということである。

このことは、労働の対象が自然だけでなく人間・組織にも拡張されるという関係の中で問題を把握することを意味する。この場合、労働する人間にとっては、自然環境だけでなく、自己を取り巻く外的世界のすべてがその対象となる関係が発生する。ということは、対象をことさら限定する必要がないとも言えるし、もしくはあえて一言で表現するならば「環境」（自然環境と社会環境）と言ってもよい。以下では、これらの諸契機を包括する、労働の循環的過程における一般的規定を抽出してみよう。これは、労働の対象を右のような意味で拡張するという限りでは、それほど難しい作業ではない。

マルクスの叙述から拾い出すと、その本質は、「使用価値をつくるための合目的活動」であり、「そうすることによって人間自身の自然〔天性〕を変化させる」ような「合目的的生産活動」であるということになる。念のために言えば、この場合「使用価値」という概念には、物質的財貨だけでなく精神的財貨（次章参照）や「有用効果」も含まれる。有井行夫氏は、こうした次元における労働の規定を極めて明確に述べている。それによると、労働とは「対自的な合目的的関係運動」に他ならない。

労働とは対自的な合目的的関係運動である。これは自己意識をもった生命活動の別名である。生命活動とは既述のとおり合目的的関係運動であるが、合目的的関係運動という難解な表現は生命活動を理論的に限定し表現したものである。同様に「対自的」という限定は、自己意識に媒介されていることを理論的に表現したものである。
（有井、二〇一〇、一〇五頁）

この有井氏の定義は「対自的」、「合目的的」、「関係運動」という三つの部分から成り立っている。すなわち、人間にとっての外的環境を変革の対象として措定し（関係の創出）、自己意識に媒介されつつ（＝対自的に）、その完成形態をあらかじめ意識した上で、その実現に近づこうとする（＝合目的的）現状変革の運動である。

ここで、とくに一般の読者にとってなじみがないのは「対自」という表現であろう。この反対語は「即自」であるが、平たく言えば自分自身を一人の人格として自覚することである。例えば犬や猫にも欲望があり喜びや怒りの意識があるが、自分が喜んだり怒ったりしているということを自覚しているわけではない。人間の意識においては、即自的な自己意識と対自的なそれとに、自己意識が二重化している。対象である環境に対し、自己として関わる意味での自己の二重化も考慮するならば、二重の意味での二重化である。仲正昌樹氏は、この点を次のように説明している。

自己がいかなる「類」であるかを意識しており、意識化された「類的本質＝自己」を実現すべく、（肉体的欲求から解き放たれて自由に）「自己」産出し続けることが、マルクスが捉えた人間の類的性質である。……マルクスの議論における（労働する）主体は単に自らの意識の〝内部〟で〝自己〟を「意識する自己／意識される自己」へと二重化するだけではなく、自然に対する自らの制作活動（労働）を通して創出した「対象的世界」の内に（外化されて有る）自己を見出す。つまり労働を通しての「意識」の生産過程では、〝外部〟の対象的世界を媒介にした自己二重化が〝内部〟での自己二重化と並行して生起するわけである。（仲正、二〇一七、四七頁）

そして、このことは、自由という問題領域に深く関わっている。第Ⅲ部（余暇論）での議論をやや先取りするが、一般的に余暇は時間概念としては自由時間であり、そこでの自由な諸活動が余暇活動である。したがって、余暇活動とは何かを明らかにするためには、自由という概念の理解が問われる。ここでは、その前提として労働に関わって発生する自由という概念の本来的な意味を確認しておきたい。

自由や不自由という意識は、自覚される欲求とその欲求の実現（可能性）との比較において生じる意識である。先の引用に続いて有井氏は次のように述べている。

生命一般には、自由の問題場面である対自性（自覚性）そのものがない。それゆえ、生命一般には自由も不自由もない。それにたいして自由の形態性そのものである可能的自由は、可能であるがゆえに不満であり苦しみである。自由形態が発生したとき、同時に現状にたいする変革意欲が発生しているのである。（有井、二〇一〇、一二四頁）

この場合、人間をこのような実践に駆り立てる駆動力は、種々の目的として顕在化する「現状にたいする変革意欲」としての生命欲求の存在である。欲求実現のプロセスにおいて様々な選択肢に対自的に関わること、このことが自由という観念を生み出す。このような特殊な生命活動の中にこそ、人間的自由と幸福を求めて展開する人格的発展の本質が存在する。

かくして、これまでの議論を改めてまとめるならば、労働とは、環境に対する自由かつ対自的な合目的的関係運動である。これが、人間社会が自立的に運動・循環する過程における労働の一般的規定としての「循環的規定」である。ところで、この対自的な合目的的関係運動という定義は、実は目的意識的な「実践」そのものの定義でもある。しかし、マルクスの「理論的な核心は、『実践的な諸個人』を『労働する諸個人』としてとらえたところにある」（有井、同右書）。このことの意味は、概ね次のような社会的諸関係の発展との関係において理解することができよう。

もともと、人間の生命活動においては、労働と余暇活動（非労働としての実践）は一体化しており、したがって、両者を区別して概念化する実態的根拠は存在していなかった。労働が概念化されるためには、労働することとそれ以外の人間活動が分離することが必要である。

その最初の現れは、奴隷制社会における「自由」人としての奴隷所有者の生活と奴隷労働との分離に求められる。しかし、そこでの労働は、生命の維持のための必要な活動であるとはいえ強制された不自由なものでしかなく、その限りで、必要悪として蔑まれる実践であり、積極的な概念化の対象とはならなかった。その後の封建制社会においては、主要な労働主体としての農民は、奴隷とは異なる相対的な自立性を獲得するが、その労働は共同体の諸活動に埋没し、消費活動と一体化した自給的生活の一契機として存在している。したがって、やはり労働概念が積極的に分離される根拠はいまだ希薄であった。

これに対して、資本主義社会においては、労働は富の形成の主役として社会の前面に登場し、賃労働として空間的・時間的に人間の生活から切り離され、自立した姿態において現れる。したがって、「実践的な諸個人」は、いまや何よりも「労働する諸個人」として社会の前面に立ち現れるのである。労働の実体をなす対自的な合目的的関係運動としての実践が、人間にとってもっとも根源的な生命活動であることは太古の時代からそうであるが、それは近代、資本主義社会の成立とともに、労働という概念の普遍化においてついにその正体をあらわした。したがって、この時代の到来とともに、人類の生命活動史は、労働史として逆照射され、その本質に迫ることが可能となったのである。

なお、こうした経緯から言えることは、対自的な合目的的関係運動としての実践のうち、何が労働として社会的・実践的に観念されるかは、基本的にはその対象が労働として――資本主義社会の場合にはとくに賃労働として――現れるような社会的諸関係の発展に依存する。この点を看過すると、労働をその対象となる使用価値の形態から定義しようとすると様々な認識上の混乱が生じる。また、このことは、いかなる実践が、労働としてではなく余暇活動として現れるかという問題とも表裏である。

なお、労働は、対象を変革するとともに、労働力または労働能力、すなわち労働者の肉体的および精神的能力の発達をもたらす。この点について、芝田進午氏は、『資本論』の規定に引き寄せながら次のように述べている。

労働はさしあたり、人間と自然とのあいだの一過程……である。……ところで人間の「自然力」は他のいかなる自然力ともちがって、「労働力」、すなわち精神的能力と肉体的能力の統一であるという特徴をもっている。「自然体系において頭と手が連関するのと同様に、労働過程は頭脳労働（Kopfarbeit）と手の労働（Handarbeit）を統一する。したがって労働過程のなかで変化し、発展させられるのは肉体的能力だけではない。人間は、労働過程のなかで、かれの労働対象をなす自然物の法則を認識し、これをふたたび労働過程に適用して、かれの活動の目的を実現する。もちろん、人間の労働力においては、肉体的能力が一次的であるが、身体の諸器官を規制し統制する意志能力、労働対象とその法則性について認識する能力、完成さるべき生産物を目的として表象する能力、労働過程をつうじて注意力を集中する能力等も変化・発展させられうるのであり、したがって人間の精神的能力も労働過程をつうじてはじめて発展されるといいうる。（芝田、一九六一、六四頁）

対自的な合目的的関係運動としての労働は、このように「手の労働（Handarbeit）」すなわち肉体的労働（physisch Arbeit）と、「頭脳労働（Kopfarbeit）」すなわち精神的労働（geistig Arbeit）という二つの側面を持っている。このことは、A・グラムシが言うように、いかなる労働であっても妥当する。

どのような肉体的労働、もっとも機械的で劣等な労働においても、最小限の専門技術的資格、つまりは最小限の創造的な知的活動が存在している。（グラムシ、一九七五、五一頁）

ただし、個々の労働種類についてみれば、両者の比重は様々である。この点は、資本主義的発展の中での精神的労働の比重の増大、精神的労働による肉体的労働の支配という傾向として後に取り上げるが、ここでは人間の実践活動において、両者が別々に存在するものではないことを確認しておこう。

3　個人的消費

労働を以上のように理解した上で、話を生命活動のメダルの裏側である消費に進めよう。消費は、既述のように、生産過程を前提にし、その「最後の仕上げ」の過程である。どのように仕上げるのか。そのものを自己に内部化することによってである。したがって、内部化という行為それ自体が、同じ対象の他者による内部化と競合し、したがってまたその限りで社会的な諸関係の発生を排除することになる。

労働は自由な媒介的行為であり、中間項に自然物を介在させることによって「生産諸手段」を発生させ、中間項に諸個人を介在させることによって「生産諸関係」を発生させる。これにたいして消費としての消費は直接的行為であり、それ自体としては、道具も社会的諸関係も発生させない。（有井、二〇一〇、一〇三頁。傍点―引用者）

有井氏の言う「消費としての消費」活動は、二宮厚美氏の表現によれば、「生存のために」行う、「他人が代替することが不可能な個体単位の活動・行為」となる。

人間の生存過程に目を向けて消費行為を眺めた場合、消費とは人間一人ひとりが個別的に営まないと当人の生存・生活にとって意味をなさない行為のことである。たとえば、食物を食べるという消費行為をとりあげてみると、食べるという行為は他人に代わってもらうことのできない営み、あるいは他人に代わって食べてもらっても意味のない行為である。……つまり、消費とは、個々人の生存のためには他人が代替することが不可能な個体単位の活動・行為をさすといってよい。（二宮、二〇一四、一二九頁。傍点―引用者）

これが「消費としての消費」であることの本質的な内容であり、この点の理解を欠いて生産・労働の「最後の仕上げ」としての消費は成立しない。この意味で、「消費としての消費」はあくまで個人的消費として存在するのである。*

しかし、一般的に個人的消費として観念される過程を全体としてみると、「消費としての消費」には含まれない多様な生命活動が存在していることがわかる。

食べるという行為で例示してみよう。ナイフとフォークでステーキを加工して一口サイズのものを「生産」し、それをフォークを使って口まで運ぶことは、労働に置き換え可能であり、具体的な素材的な内容としては労働と同じである。なぜなら、調達してきた牛肉について、その加工による最終的な完成品は、調理の段階ですでに頭の中にイメージされている。人は、その目的に向けてフライパンを火にかけ、調味料等を加えてステーキを焼き上げる。そしてこれをナイフとフォークで小分けして、口の中にまで運ぶ。焼き方がまずければなぜ失敗したかを考え、自分の調理技能の不足と上達の必要性を学習するであろう。

こうしたプロセスは、実体としてみれば、明らかに対自的な合目的的関係運動としての労働そのものである。その意味で、消費過程に内包された労働過程とでも言うべき実体を持っている。しかし、ステーキ店の調理人の場合はいざ知らず、家庭で行うこの種の活動は従来、労働ではなく「家事」として、したがってまた消費活動として観念されてきた。なぜ本質的に労働としての実体を有する活動が消費活動として観念されるかと言えば、第一に、それが直接的に「消費としての消費」を目的とし、その目的に即して体系化された実践の一環として行われてきたものであるとともに、第二に、個人的消費過程と生産・労働過程とを区別する歴史的・社会的な関係が背景にあるからである。こうした観念が変化するためには、家事労働の社会化（家事労働が社会的分業の中に組み込まれていく）という社会経済的な発展が必要であったが、これらの論点は、賃労働を扱う第三章で再度取り上げる。

一方、人間の生命再生産活動の中には、大脳（意識）を経由しない反射的な諸活動や、消化や睡眠のような、もっぱら、自律神経系の働きに依存する無意識的な活動も含まれている。後者は、例えば発酵過程のような労働過程には

＊　したがって、個人的消費が「個人消費」と「共同消費」によって構成され、消費の発展を前者から後者へのシフトとして描く議論は原理的に成立しない。詳しくは、山田『開発利益の経済学』（一九九二）を参照されたい。

含まれない生産過程と同様、生命活動の不可欠な要素ではあるが、過程それ自体としては対自的合目的的関係運動とは言えない生命活動をなしている。もっとも、生命活動の帰趨は、一面ではこうした消化や睡眠の質に依存している。であるからこそ間接的であるとしても、自律神経のコントロールを通じたその質的高度化もまた、対自的な、したがってまた実践的課題としてしだいに意識されることになるのではあるが。

なおこの場合、目的とは、潜在的欲求の意識化としての、精神的に想定されたゴールである。消費の目的性は、労働のように自己の外部の生産物として描かれるものではなく、自己の生命再生産＝自己自身である。食欲自体は即自的であるが、何をどのように食べるかには、多かれ少なかれ目的意識が入り込み、その目的意識は自己を対象とした対自的なものとなる。その意味では、労働＝人間的、消費＝本能的・動物的という単純な図式化は誤りである。生産から消費までを貫く対自的な生命活動としての実践、人間が人間的であることの本来的な意味はそこにある。

角田氏は、人間の生命活動を「物質的生活過程」として捉え、これを「物質的生産活動」と「生命再生産活動」との統一として把握する必要性を強調して、次のように述べている。

（「物質的生活過程」は—引用者）生活手段を媒介として人間が人間に対象化する生命再生産活動と、生産手段を媒介として生産物に対象化する物質的生産活動とに分けることができる。……この場合、生命再生産活動と物質的生産活動のいずれの活動も、自由と意識性、社会的共同性を共通の本質的特徴としているのである。（角田、一九九二、七四頁）

そして、両者の関係を表1‐1のように表示している。

ここで、角田氏の議論に着目するのは、次の二点においてである。

表1-1　生産・消費における外的目的性と自己目的性

	（領域）	（尺度）	（富）	（目的）
A	物質的生産	＝労働時間	＝富の素材的基礎・実体・費用	＝外的目的性
B	生命再生産	＝自由時間	＝富自体としての人間の発達	＝自己目的性

出所：角田，1992，78頁．

第一に、角田氏の言う「物質的生産活動」だけでなく「生命再生産活動」もまた「自由と意識性、社会的共同性を……本質的特徴としている」ことの指摘である。「生命再生産活動」が消費活動のことを指すとすれば、本書で指摘した消費過程に内包された労働過程という認識と一致する（ただし、前述のように「消費としての消費」活動それ自体においては、「社会的共同性」は成立しない）。

第二に、これらの二つの生命活動を、表1-1にあるように、「外的目的性」と「自己目的性」という属性によって区別していることである。端的に言って、物質的生産活動は客体の消費を通じた主体の外側への新たな客体の生産、生命再生産活動は客体を自己の内部に取り込む（摂取・享受する）ことによる主体自身の生産を目的としている生命活動である。別言すれば、主体から見て前者は主体の外側への出力（外部化*）を、後者は主体自身としての内側への入力（内部化）を目的とした実践活動である。こうした点を踏まえ、以下では角田氏の言う「外的目的性」と「自己目的性」を、「外部化」と「内部化」との関係として表現することがある。

過程を全体としてみれば、外部化生命活動の過程でも結果としての内部化（主体それ自体の内部への作用）は生じるし、内部化生命活動においても外部化すなわち外的環境に対する何らかの物理的変化を伴うのが普通である。こうした内実から明らかなように、両者の区別は、あくまでも主体にとっての活動目的という観点からの分類である。そして、目的は外と内という点で一八〇度異なるが、いずれの場合も行為の本質は対自的な合目的的関係運動である。

＊　ヘーゲルやマルクスの著作においては、外部化に類似する表現として「外化」という概念が用いられているが、しばしば「外化」は「疎外」と同義で使用されていることから、あえて別表現としておく。

第二章　人間・組織を対象とした生産と消費

1　人間・組織を対象とすることの意味

労働過程を人間と自然との関係として捉える次元では、「一方の側にある人間とその労働、他方の側にある自然とその素材、それだけで十分だった」のであるが、労働過程の全体像を捉えようとすると、またとりわけ現代社会の労働過程のあり方を捉えようとすると、非物質的生産を射程に入れる必要が生まれる。前章で述べたように、人間は本源的にみれば自然から生まれるが、循環的視点から見れば、社会を介して再生産されるからであり、さらに言えば、傾向的には人間・組織を対象とした労働の比重が大きくなっていくからである。

目的意識的な過程としての労働は、人と人との共同を通じて遂行・実現されることが、類的存在としての人間の生活過程を特徴づける。ゆえに、労働する諸個人が有する自己意識は、本質的に社会集団・共同社会を構成する他の諸個人との関係において成立するという意味で、個別的であると同時に社会的である。人間が社会的存在であることの曖昧な理解を批判して、有井氏はこの点を次のように強調している。

実は人間が労働する存在だからこそ社会的存在なのである。労働は対自的な合目的的関係運動である。関係運動の媒介項に自然と社会をとり、関係運動を拡大する一方で、この関係運動そのものを対象化し自己に有機化する（対象は自己である）自己意識が成立している。そして自己意識は「対象を自己とする」。対象は対象的自然と人間との合目的的連関を媒介する社会的諸関係である。社会的諸関係が複雑になり普遍化するのと並行して自己意識が複雑になり普遍化する。（有井、二〇一〇、一〇九頁）

したがって、自然を対象とする物質的生産が、物質的消費を介して、自己を再生産する過程として人間の生命活動を把握するのに対し、他者としての人間（自己と他者との関係が問題となる限りでは社会）を自己として捉える社会的再生産を対象とする場合には、人間・組織それ自体を対象とする労働過程もまた、生産過程の媒介的かつ本質的な契機として現れる*。

それでは、対象が人間・組織となることによって、労働の形態にいかなる独自性が付加されるだろうか。それは、端的に言えば、物質的生産に加えて、非物質的生産が生産の本質的な契機として登場し、生産と消費の関係が、これまでの限定を突破した生産一般と消費一般との関係として現れるということである。

なお、自然を対象とした物質的生産に対して、この種の人間・組織を対象とした生産は、しばしばサービス労働論やコミュニケーション（的行為）論の領域で議論されてきた。それは根拠のないことではなく、発展著しい精神的労働とサービス労働およびコミュニケーション活動とが密接な内的関連性を持っていることに起因している。しかし、それぞれの議論は、しばしば別個に展開されており、明確には関連づけられないまま行われているように見える。関連性を明確にした上で、実践的諸課題に対応した議論の枠組みと方法を設定することが求められる。したがって、以下では、その点に注意を払いながら、人間・組織を対象とした生産と消費の特質をさらにみていくことにしよう。

2　非物質的生産とは何か

第一章で指摘したように、労働とは「使用価値をつくるための合目的的活動」であった。すなわち、「その諸属性によって人間のなんらかの種類の欲望を満足させる物（Ding）」としての使用価値を生産する合目的的活動である。このような生産物としての使用価値は、物質的財貨（materiell Güter）あるいは物質的生産物（materiell Produkt）とも表現できる。一方、物質的財貨を生む物質的生産以外の生産を、マルクスは単に非物質的生産（nichtmateriell/immateriell Produktion）と表現している。すなわち、後述するように、『資本論』を叙述しようとする作業の中で、マルクスは物質的生産への対象の限定を明確にしており、そのこととの対照において、それ以外の生産領域を非物質的生産という、消去法的表現で一括している（四六・四七頁参照）。

この非物質的生産には、精神的生産とサービス生産の二つの領域がある。しかし、両者は、同じ平面上での単純な二分割の関係にはなく、ある部分では複合的な関係として存在している。かつ、すべての労働が肉体的労働と同時に精神的労働を含んでいるといった事情が、多くの場合これらの基礎的カテゴリー間の関係についての曖昧な理解を結果しているように見える。本節では、非物質的生産およびその内的な構成要素をなす、基礎的なカテゴリーを整理し

＊　この点に関連して、角田氏も「マルクス経済学」に対するスターリンの否定的影響を次のように指摘している。
スターリン論文はマルクスのいう「物質的生活」を「生産物の生産」に狭く限定した。しかもそれは「社会的存在」とも同一視されており、その結果、「生産物の生産」＝「物質的生活」＝「社会的存在」というまったく粗雑なパラダイムがつくりあげられている。これは明らかに、マルクスが行なっていたこれら三つの、それぞれの区別と連関とを無視する結果になっているのであるが、この粗雑な対象規定が永らくマルクス経済学のパラダイムに大きな制約を加えてきたのである。（角田、前掲書、八四頁）

ておこう。

まず、非物質的生産には、『草稿集』の記述によれば、次の二つの類型が存在する。それは、「それが純粋に交換のために営まれ、したがって商品を生産する場合でさえも」という断り書きが示しているように、逆に言えば、非物質的生産の歴史貫通的な形態に関する類型化である。


非物質的生産の場合には、それが純粋に交換のために営まれ、したがって商品を生産する場合でさえも、次の二つの場合が可能である。……一、その結果が次のような商品である場合。すなわち、生産者とも消費者とも別な独立な姿をもっており、したがって生産と消費との中間で存続することができ、売れる商品としてこの中間で流通することができる使用価値、たとえば書籍や絵画や要するに実演する芸術家の芸術提供とは別なすべての芸術生産物のようなものである場合。……二、生産されるものが、生産する行為から不可分な場合。たとえば、すべての実演する芸術家、弁士、俳優、教師、医師、牧師、等々の場合。(『草稿集』⑨四四二・四四三頁)

右の引用にあるように、第一は、「書籍や絵画や要するに実演する芸術家の芸術提供とは別なすべての芸術生産物のようなもの」とマルクスが例示しているところの、精神的生産が基本となるような物質的財貨の生産である。この場合に特徴的なことは、精神的労働の成果が物質的財貨、すなわち「生産者とも消費者とも別な独立な姿をもっており、したがって生産と消費との中間で存続することが……できる使用価値」として現れることにある。以下、このような財貨を「精神的財貨」と呼ぶことにする。

この種の生産物は、物質的財貨でありながら、なぜ非物質的生産に含まれるのであろうか。それは、その使用価値の存在意義をなす主たる内容(有用性)が精神的生産の成果にあるからである。例えば、書籍がそれ自体の存在意義を持つのは、その精神的な生産の内容においてである。もちろん、書籍としての物的形態がなければ、その内容も存在し得ない限りでは、書籍本体の物質的生産もまた必要条件である。しかし、この場合、物質的な書籍の形態、例えば単行本が文庫本になったとしても内容は変わらないし、あるいは書籍以外の物理的メディアの形態をとったり、デジタル・データとしてインターネット上にロードすることも可能である。書籍は、読書の対象としてその内容が消費＝内部化されることに本来的な有用性があるのであって、そこがなくなれば、装飾品か単なる枕になるだろう。

さらに、時代をやや先取りすると、『資本論』の時代には「書籍」が一つの典型例となったが、現代ではもっと広い概念として「情報」こそが時代を象徴する精神的財貨であろう。例えば、コンピューター・ソフトウェアもまた精神的労働の産物であるが、コンピューターやディスク等の多様な物的媒体（ハードウェア）に格納され、それらを経由して活用されるからである。現代におけるこうした精神的財貨の存在形態については、第四章で改めて言及する。

なお、精神的財貨の供給をめぐっても、コミュニケーションは存在し得るが、物的な媒体を介して時間的・空間的に分離した形で存在するという点で、間接的である。生産と消費の分離は、両者が融合している後述のサービス労働の場合と比べて、主体間の関係を分離することによってコミュニケーションの役割はそれだけ後景に退く。したがって、生産者と消費者との相互の直接的交渉こそが重要な意味を持つ部面では、こうした形態への転換はコミュニケーションの脆弱化に関わる問題性を孕んでいる。

第二は、「生産されるものが、生産する行為から不可分な場合」、あるいは生産物が「物の形態で現れない場合には、それは労働能力そのものの形態でのみ現れうる」（『草稿集』⑤）とされる場合、の生産である。マルクスが挙げている例としては、「すべての実演する芸術家、弁士、俳優、教師、医師、牧師、等々」におけるような直接的な対人性を特徴とする生産である。通常、サービス労働としてイメージされる労働形態である。

一般に、精神的財貨を含む物質的財貨が程度の差はあれストック性を持つのに対して、「労働能力そのものの形態」

で現れる生産の場合は、瞬間的生産の連続として、つまりフローとしてしか存在し得ない。この種の非物質的生産における労働においては、「それが生産されるまさにその瞬間に消滅してしまう」（A・スミス『諸国民の富』②）ことになる。この点について橋本勲氏は次のように説明している。

他の労働が生産物に対象化され、その生産と消費とを、時間的・場所的に分離できるのに対して、サービス労働は生産物に対象化されないので、時間的にも生産と同時に、また場所的にも生産されたところで消費されなければならない。（橋本、一九七九、五〇五頁）

この事情は、二宮氏の言う「対人サービス労働」の説明と合致する。

対人サービス労働とは、①労働対象である人間の欲求を充足するサービスを提供する労働である、②サービスを受ける人間はそのサービス労働を直接に消費・享受する主体である、③サービスの提供・供与とその消費・享受は同時一体的である、という三つの内容にまとめられる。（二宮、前掲論文、一二五頁）

例を挙げよう。聴衆は、聴覚や視覚を介して音楽的パフォーマンスを、生徒は、教師が授業として生産した授業内容を消費・享受＝内部化する等々。ここでは、「生産されるものが生産する行為と不可分」であることから、消費行為が「生産する行為と不可分」となる。したがって、ひとつの生産行為を介して、生産者と消費者が生命活動を共有する。既述のように、生産物が外的に自立した姿で現れる精神的財貨の生産の場合でも消費者の反応は生じ得るが、生産過程と消費過程が共有されず「時間的・場所的に」独立した過程となるため、その限りで総体的に間接的な関係として現れるにとどまる。これに対して、サービス生産においては、生産者から消費者への直接的な働きかけが、程度の差はあれ、その享受に伴う消費者の瞬時の反応を呼び起こす関係が生じる。言い換えれば、生産者と消費者とのコミュニケーションが、程度の差はあれ内在的な活動として現れる。

「生産されるものが、生産する行為から不可分な場合」という記述の中の「生産されるもの」の原語は、“Produkt”ではなく“Produktion”である。邦訳版も、このニュアンスを表現するために、あえて「生産される物」（＝生産物）ではなく「生産されるもの」というように訳したものと推察される。この種の「生産されるもの」を「生産する行為」が、すなわちサービス労働に他ならない。

ここで、「もの」であって「物」でないことの含意について、もう少し説明しておこう。それは「労働能力そのものの形態」で発現する状態を指しており、マルクスはこれを「実演」とも表現している。この「実演する」の原語はexekutieren であるが、これは英語で言う execute に対応する。さらに、意味としては、demonstrate, perform, operate, act など、場面に応じて多様な表現に置き換えることのできる用語である。日本語においても、実演のほか遂行、実行、執行など多様な表現が可能である反面、それぞれ独自なニュアンスを帯びてくる。こうした実体を持つ過程として、非物質的生産の領域においては、サービス労働に伴うアウトプットは、有形物としての物質的生産物に対するフロー型の非物質的生産として位置づけられているのである。

ちなみに、ここでは物質的形態をとった使用価値本体ではなく「有用効果」（Nutzeffekt）のみが供給される。つまり、生産行為そのものが有用効果を生むのであり、普通（物質的生産の場合）は生産物としての使用価値本体に対象化される具体的有用労働が、この場合には、「生産する行為から不可分な」有用効果として現れるということである。したがって、生産行為そのものがアウトプットとしての Produktion を意味する概念として、以下必要に応じて有用効果という表現を使用する。

関連して、かつて、アリストテレスも、『形而上学』の中で、「その成果がその活動とは別のなにものでもないような場合」の「活動」について次のように論じた。

或る能力の場合には、その使用そのことが終極のものである。……およそその能力の使用によって生じた結果がこの使用そのこととは別のなにものかであるような能力の場合には、それの現実態はその使用によって作られたもののうちにある。たとえば、建築の現実態は建築された家のうちにあり、機織りのそれは織られた布のうちにあり、その他のそれらも同様である、すなわち要するに、動くこと〔運動〕は動かされたもののうちにある。だが、およそその成果がその活動とは別のなにものでもないような場合には、そのエネルゲイア〔現実活動＝現実態〕はその活動者それ自らのうちにある。（アリストテレス、下四二頁）

ここで、アリストテレスにおける「現実態」に対する「成果」は有用効果と言い換えることができる。この種の労働は、すでに古代より関心と認識の対象となっていたことがわかる。

一方で、サービス生産のすべてが、必ずしも精神的有用効果に結びつくとは言えないことにも注意しておこう。というのは、例えば、対象としての人間に物理的に作用する労働（精神的サービスとの対比で「物理的サービス」と呼ぶことにする）は、それが対象の物理的な変革こそが有用性をなす限りで、物質的生産労働という側面を持っているからである。例えば、外科的手術、整髪、マッサージ等がこれにあたる。骨折した患者の骨を修復する労働は、患者の精神ではなく物質としての肉体の改造である。もちろん、マルクスが例に挙げている医者の場合でも、ほとんどの医療労働は診断（分析）や処方を示す行為を前提として含んでおり、これは精神的労働である。その前提には、医療に関する科学的研究労働があり、その現状と結果についての精神的生産が先行している。その意味からすると、精神的生産との関わりが深く、精神的生産に含められると言えなくもない。

しかし、例えば、建築の場合でもそうであるように、実際の建築行為という物理的な労働の前提にはすでに図面媒体に表現された精神的生産がある。つまり、物質的生産であれ精神的生産であれ、いかなる労働であっても精神的労働と物理的（肉体的）労働の両方が含まれている。当該生産が物質的生産であるか精神的生産であるかの分かれ目は、両者の比重にあるのではなく、結果として生み出された使用価値的内容・有用性にあり、この観点からその労働の属性が評価されるのである。

こうした複合性も含めてのことであるが、ここでは精神的であれ物理的であれ、労働の対象が人間であることの基準において、サービス労働として一括することができる。しかし、物理的な変革を伴う労働とはいえ、人間の身体が対象であるため、一般的な物質的生産と同一のものではない。この点は、次節で改めて説明する。

なお、生産が、以上二つの形態の成果（精神的財貨または有用効果）のどちらで現れるのかという境界は、社会的・歴史的に流動的である。例えば、音楽であればストックとして音楽CDの形態を取ることもあれば、フローとしてライブでも現れ得る。あるいは、教師が行う教育労働も、録画や録音でも、対人的なサービス労働としても、どちらの形態でも可能である。あるいは、マッサージは、マッサージ機を利用する場合もあれば、マッサージ師の手に委ねられる場合もある。絵画や書籍の場合のように、ほぼ物質的財貨の形態に限定されるものもあるが、これらの場合でも映像や朗読で供給することも可能であるように。

3　人間が労働対象として現れることの意味

サービス労働に関しては、従来から人間を労働対象とみるかどうかをめぐって議論が行われてきた。そこでは、サービス生産の場合でも、通常の物質的生産の場合と同様に人間が労働対象となるという理解から、有用効果を生産するサービス生産においては労働対象が存在しない、という全く正反対の理解に至るまで様々である。

すでに述べてきたように、労働が人間・組織を対象とすることとの関わりでその一般的な規定を把握する本書において、この種の議論は本書の根幹部分に関わる論点である。ゆえに、従来の議論に対する本書なりの判断を避けることはできない。そこでまず、代表的な議論について、その要点を確認しておくことにしよう。

まず、斎藤重雄氏は、サービス労働の対象化について、次のように述べている。

サービス提供は、物質的生産が自然素材または自然を労働対象としたのに比して人を労働対象とする。つまり、サービスは人が直接人になんらかの有用性、使用価値を与えるために働きかけた成果であり、物的労働が自然素材に対象化し、物質化したようにサービス労働も労働対象たる人に対象化する。この対象化は、物質化と対比して非物質化であり、いわば人体化ということができよう。（斎藤、一九八六、一〇頁）

斎藤氏の議論は、「サービス提供」→「人体化」という過程を、「物質的生産」→「物質化」という過程と同様の過程として対照させて捉えたものである。これとは対照的に、飯盛信男氏は、「自然素材がないサービス部門では有用効果そのものが使用価値になるとの理解」に立って、「労働対象不在説」を唱える。

労働過程を構成するのは生産手段（労働対象、労働手段）と労働そのものである。自然を対象とする物質的生産活動においては自然素材＝物質的基体としての労働対象が存在するが、自然を対象としないサービス部門（非物質的生産）のばあいは自然素材としての労働対象は存在しない。このことは物質的生産部門とサービス部門の決

定的なちがいである。（飯盛、二〇一四、一六八頁）

しかし、「自然素材としての労働対象は存在しない」という表現では、論理的には人間が労働対象となる余地が残っている。ここで、人間はどのような位置づけになるのだろうか。それは、「労働力は生産物ではないのであるからそれを担う人間そのものは労働対象ではない」として、根拠づけられる。飯盛氏の場合、物質的生産物こそが労働を受け止める「物質的基体」と考え、「物質的生産の第一義的役割」（後述、四〇頁）を強調する一方で、運輸労働とのアナロジーにおいて、有用効果の生産物としての性格、したがって生産的性格を唱えるというところに、氏の議論の特徴がある。こうして、氏自身が言うように、「労働対象不在説」は、労働の生産物は有用効果であるとする「有用効果生産説」と一体的なものとなる。

サービス労働価値生産説は、サービスを無形使用価値＝有用効果とみなす有用効果生産説によって成り立つのであり、さらにこの有用効果生産説はサービス部門における労働対象の不在を前提としている。労働対象は生産物の自然素材・主要実体をなすものであり、労働対象は労働過程の結果としての新たな生産物のなかに素材的・価値的に移転されなければならないのである。自然素材・物質的基体が存在しないサービス部門では、労働対象の使用価値・価値が労働過程の結果としての生産物に移転されるということはなく、それがつくりだす無形の使用価値（有用効果）が生産物になるのである。（飯盛、同右）

ちなみに、このスタンスに立てば、運輸労働もまた、論理的には労働対象が存在しないことになる。運輸労働者は物資や人を別の場所に移動させる有用効果を発揮するのであるが、この種の労働もまた労働対象そのものには直接手を加えることなく、その空間的移動を実現・支援する。マルクスは、この運輸労働の性格について、次のように述べている。

> 第四の物質的生産部面……というのは運輸業であり、人間を輸送するか商品を輸送するかを問わない。資本にたいする生産的労働すなわち賃労働者の関係は、ここでも、物質的生産の他の諸部面におけるとまったく同じである。ここではさらに労働対象に物質的変化——空間的、場所的変化——がひき起こされる。人間の輸送に関しては、この変化は、企業家によってその人間に提供されるサーヴィスとしてのみ現れる。(『草稿集』⑨、四四五頁。傍点—引用者)

人間または商品が、この場合のサービス労働の労働対象であり、その効果(「生産されるもの」)は「空間的・場所的変化」である。この点に着目していれば、そのアナロジーとして展開される「サービス労働価値生産説」は、「労働対象不在説」を前提とせずに成立することができたであろう。

一方、芝田氏は、教育労働の特質を議論する中で、その主要な内容として児童が労働対象となる点を次のように指摘している。

> 歴史的・論理的にみれば、教育労働は、……人間労働に特徴的な普遍性をもつが、しかもなお他の労働から区別される特殊性をもっている。……教育労働の「労働対象」は物質的自然ではない。むしろ教育労働は、この物質的自然そのものを変革するところの自然、すなわち、もっとも高度に発展した自然である「人間的自然」(人間性)を労働対象とするのであり、学校教師は「児童の頭脳に加工する」のである。(芝田、一九七五、一二頁。「　」内

はマルクスからの引用）

この議論は、教育労働の特殊性を強調する点では斎藤氏への批判、児童を労働対象として捉える点では飯盛氏への批判となっている。

二宮氏も、「労働対象不在説」を唱える飯盛氏とは異なる角度から、「物質的生産労働とのアナロジーにおいて」、労働対象を人間とみる見解を批判している。

人間を対象にした労働では、この物質的生産労働の規定はそのままの形ではあてはまらない。……人間を相手にした労働では、肝心の労働対象が人間である……。いま人間を直接的な対象にした労働を対人サービス労働と呼んでおくとすれば、この労働にとって、対象としての人間は生産手段の一部ではなく、サービスを提供・供与する相手である。（二宮、前掲論文、一二四頁）

二宮氏の場合は、芝田氏と同様に対人サービス労働の特殊性を述べつつ、芝田氏と異なるのは労働対象となる人間を「サービスを提供・供与する相手」とみていることである。このことの意味は、「対人サービスの生産・提供・供与では、その『労働過程』は同時に『消費過程』であり、両者は同時一体的関係にある」とする点にある。基本的に本書も同様のスタンスであるが、あえて言えば、この場合サービスの受け手が消費者であることは論じられているが、労働対象となることの意味は明示されていない。以下、消費者がどのような意味において労働対象となるのか、他の論者へのコメントも含めて述べていくことにしたい。

まず、精神的サービス労働について、考えてみよう。そこでの有用効果は、第一に演技（音声や空間的パフォーマンス等）そのものである。これは、物理的には演技内容をなす空気の振動や空間の改造であった。この観点から見ると、労働手段は身体（声帯）、楽器、舞台道具、ステージ等である。音楽の例で言えば、演奏は、楽器や声帯という道具（ハードウェア）を使ってスコア（音楽記号で記述された精神的生産物としてのソフトウェア）を空気振動や空間的パフォーマンスという精神的生産物に転換するプロセスである。この場合には、これらの行為が向かう空気や空間が労働対象であり、作用を受けた空気や空間の物質的変化が生産物である。過程のこの側面を見る限りでは、通常の物質的生産過程と比べて、生産手段（労働手段・労働対象）と生産物との関係自体は、生産物が有形か無形（行為そのもの）かという点を除くと特段の変化はない。しかし、この場合の例で言えば、演技者の労働は、これで完結している訳ではない。サービスの受け手、すなわち鑑賞・享受主体との関係という過程が残っているからである。

前章2で示したように、この種の生産においては、生産が消費と一体化、同時化するところに、通常の物質的生産から区別される基本的な特質があった。ここが要点なのだが、この場合、例えば教師という主体の外部化生命活動が、その相手方である生徒という主体の内部化生命活動を、自己の生命活動の不可分の契機、内的契機として関係することを意味する（逆に生徒から見ると、教師の生命活動を自己の生命活動の対象として関係することを意味する）。この関係の中では、教師から見ると、生徒の意識をいかに変革するか、生徒に対していかなる知的・感性的等のインパクトを与えるかという問題が、過程の完結にとっての不可分な課題・目的として現れてくる。つまり、授業でのパフォーマンスそのものが最終的な目的ではなく、生徒の関心を喚起し授業内容をいかにその意識に定着させるかという課題が、労働の最終目的となる。教師はこれを生徒のリアルタイムな反応の中で（コミュニケーションを通じて）実践することになる。

注意を要することは、そうした目的の下に行う労働の対象が、生命体であり、それも人間であるということである。問題をわかりやすくするために、まず生命体一般において、対象の生命活動に依拠するタイプの労働の場合を考えてみよう。例えば稲作労働で言えば、ここで稲を生産する労働とは、機械工業で見られるような文字通り物質を加工し生産するような形で、稲を直接作り出す労働ではない。稲は生命体としての代謝活動を通じて自分で成長するのであり、農業労働の作用は、正確に言えば生育環境の改良、例えば土壌に肥料や水等を与えることによって稲の生命活動を促進することにある。同様に、相手が家畜等の動物の場合も、労働の役割は飼料や水を与えることによって動物の生命活動を促進することにあるのであって、動物は自分自身の生命活動としてこの労働の生産物を消費する。もちろん、農作物の収穫労働や家畜を食肉に転換するための屠畜労働は生命体であることを廃止する労働であり、対象は結果との関係では物質であり、その労働は物質的生産労働一般に含まれる。植物や動物を対象とする労働の最終目的が育成・支援である場合とは、生きていることが使用価値としての意味を持つ対象、例えば観賞用植物やペットを生産する場合であろう。

では人間はどうか。教師の教育労働は、生命主体としての生徒の学習活動を育成・支援するが、これを受け止め消費＝内部化するのは、やはり生徒自身である。保育、介護、医療等の対人サービス業もまた、これと同様に基本的には生命活動に対する育成・支援労働である。これらの場合には、対象が生命体として存続・発展することが前提であり、労働の目的は、あくまでその生命活動を支援・育成することにある。

同時に他面では、人間は動物一般とは異なり、対自的な合目的的関係運動を行う存在である。したがって、サービスの享受は、主体的な個人的消費活動として行われる。

このように、サービス労働は、今ではサービス内容の事前の計画・生産とともに、その消費者の享受を育成・支援する労働としての実体を持っている。したがって、人を対象とする精神的サービス労働とは、教育労働の例で言えば、精神的財貨としての教材等の提供と精神的サービス労働としての授業実践のアンサンブルに他ならない。「実演」は、物質的生産労働として見れば精神的生産物を対象化した空気や空間の創造であるが、その労働過程はこれを内包するサービス労働としての人間の育成・支援過程としてあるのであり、この目的に関わる合目的的関係運動体系としての労働過程において、人間は労働対象として現れることになる。芝田氏は、この点について次のように述べた。

教育労働はその「労働対象」そのものの特徴からいって、児童の「人間的自然」を変化させ、そのうちに眠っている素質を発展させることを目的とする……。教育労働が合目的的活動としてその目的を実現するには、被教育者である児童自身をして労働させること、すなわち被教育者（労働対象）である児童の腕・脚・頭・手を合目的に運動させて、そのことをつうじて労働に内在する人格形成の機能を発現させるにしくはない。こうして、教育労働の特殊性とは児童の学習労働（それがいかに単純であり、幼稚なものであれ）、いいかえれば児童と自然との質料転換を、教師自身の行為によって「媒介し、規制し、制御する一過程」であるということができる。（芝田、前掲書、一四頁）

そして、一方で重要な問題は、精神的サービス労働の対象となる人間の側から見ると、その消費活動もまた供給主体の生産活動と一体化されており、その意味でこの一つの不可分なプロセスが、実体としては両者の共同活動として現れることである。これこそが、独立した物的生産物である精神的財貨の場合とは異なり、生産者と消費者が担うそれぞれ独立した生命活動に分断されないサービス労働過程の醍醐味でもある。これを教育場面に即して言えば、授業は教師と生徒の双方の共同作業で作るものであるということを意味している。

そして、注目されるべきは、ここでも受け手の個人的消費活動は、実体としては対自的な合目的的関係運動（労働）を含んでいることである。その意味で、右の引用にあるように、芝田氏は学習活動を学習労働として把握していることは根拠のないことではない。教科書を音読したり、ノートを作成したり、図工的な作品を作ったりするという外部化活動を除いて、学習活動は成立しないからである。しかし、その実践活動は、あくまで自分自身の心身の発展（「消費としての消費」）を目的とする個人的消費活動の一環として行われている。芝田氏が学習を個人的消費活動として認識していたかどうかは別として、これを労働と表現したことは、図らずも学習活動が労働としての実体を含むことを反映しているのである。

かくして、授業の成功は、一方では教師の準備と「実演」力に、他方では生徒の姿勢と享受能力にかかる過程として現れる。その点を踏まえてあえて別な言い方をすれば、教師の役割は学習意欲を高めるような「実演」を生産することであり、これを生徒の側の問題として言えば「学ぶ気があれば学びとるであろう」（レーニン、一九二二）ということである。教師は、生徒の生命活動を促進することはできても、生徒の能力を自由に生産することではない。重要なことは、広い意味での知識を提供するとともに、人間が本来的に持っている学習欲求＝学ぶという生命欲求を、いかに刺激し方向づけるかにある。もちろん、しばしば教師の主観において、授業を通じて生徒の頭脳をそのように作り替える、あるいは「加工する」と意識されても不思議ではない。しかし、その実体は、物質的生産の場合のような直接的な物理的加工とは異なり、あくまで育成・支援という性格を持った労働であり、その対象としての人間なのである。

以上、精神的サービス労働について見てきたが、その内容は、物理的サービス労働においても基本的に妥当する。物理的サービス労働は、一方で、人間の筋肉や骨の物理的改変に作用を及ぼすが、他方で、その育成・支援労働としての作用を受け止めその結果をどのように実現するかは、対象となった人間の生命活動に依存する。その限りで、労働過程は、先の精神的サービス労働と同様に、やはり対象となった人間との共同作業である。

このように見てくると、斎藤氏の場合のように、人間を労働対象として考え、サービス労働の対象化を「人体化」とする見方、二宮氏の批判的整理に従えば、「対人サービス労働がつくりだす生産物とは、働きかけられる人間自身に宿る」とするような見方は、一つには、物質的生産労働と生命体を対象とする育成・支援労働との本質的な相違を看過するところに、いま一つには、受け手の側の消費活動視点の欠落から生じた認識であることがわかる。

一方、飯盛氏のような「労働対象不在説」もまた、この場合対人サービス労働が育成・支援労働という本質を有する点を看過している点では、「人体化」説と同様の欠陥を持っている。確かに、物質的生産の場合のように自由に加工できるような対象は存在しないが、育成対象は存在する。飯盛氏は、「有用効果」が生産であるという一面を正しく指摘したが、労働過程はその効果を対象化することによって完結する。対象のない教育＝育成労働は存在し得ない。ちなみに、飯盛氏がこの点を看過したのは、次のように氏が労働の対象化は物質に対してのみ可能であるという、「物質的生産の第一義」性という前提があり、そこから運輸労働とのアナロジーにおいて、有用効果の生産的性格を根拠づけようとしたためである。

> 労働過程を構成するのは生産手段（労働対象、労働手段）と労働そのものである。自然を対象とする物質的生産活動においては自然素材＝物質的基体としての労働対象が存在するが、自然を対象としないサービス部門（非物質的生産）のばあいは自然素材としての労働対象は存在しない。このことは物質的生産部門とサービス部門の決定的なちがいである。これはサービス部門の労働過程特性と呼ぶべきものである。この区分の必要性は、自然に対する働きかけをとおしての生活資料の獲得＝物質的生産活動が人間生活の基本的条件をなすという「物質的生産の第一義的役割」の命題から生じる。（飯盛、前掲書、一六八頁）

最後に、念のため、精神的サービス労働において、そのすべてが教育におけるような育成・支援労働として現れるわけではないことも併せて指摘しておきたい。それは例えば、コンサートや演劇等の場合である。多くの場合（すべてではないが）これらの労働においては、有用効果の消費者である観客の人間的発達が、つまり教育が実演の目的として措定されていない。この場合、役者や演奏家は、自らの美意識や考え方から出てくるモチーフをひとつの作品として創作し舞台等で表現するが、その目的は教育的効果を狙った聴衆の啓蒙活動にとどまらず、共感や感動の共有・共振自体が目的である場合に至るまで多様であろう。もちろん、後者のような場合にも、聴衆がそれを消費することにより、その精神構造を何らかの程度に変化させるという事実上の教育効果があるとしても、この場合にはそれ自体は役者や演奏家の目的というよりは結果である。その意味で、サービス労働のあり方は、まずはその労働行為の目的に依存する。そして一方では、いずれの場合でも言えることであるが、それが同時に受けての消費活動として存在することによって、その労働の成果・意義は、演じる側が与える有用効果の内容とともに、労働対象となる人間自身の消費＝内部化生命活動のあり方に依存する。

4　非物質的生産とコミュニケーション活動

労働の対象は自然と社会である。ここで労働するということは、対象に能動的に関わることであり、こうして対象として措定された自然をマルクスは「非有機的身体」（『経哲手稿』）と呼んだ。

自分自身の身体は、人間としての体系的な一つの全体としての有機体であるが、この生命体が生きていくためには自然との物質代謝が必要である、対象となる自然は有機的身体である自分自身の外側にあり、しかし自己の生命活動と不可分に関係づけられているという意味で非有機的な身体である。自己の身体の再生産にとってこの部分もまた不可欠な要素をなす意味において、その対象は自己の生命の代謝活動の内的要素をなす。

人間は自分を、意識のなかでのようにただ知的にだけでなく、仕事の活動で現実的に二重化するからであり、したがって、自分によって創造された世界のなかで自分自身をまのあたり見るからである。(『経哲手稿』、一〇七頁)

同じことは、社会についても妥当する。労働は、離れ小島での単独活動としてではなく、他者との共同、すなわち協業と分業の中で行われる。あるいはまた、労働の対象それ自体が人間あるいは組織であることもある。つまり、ある主体は、労働のパートナーとして、あるいは労働の対象として他者に関わり、相互の関係を取り結ぶ。関係する他者は、そういうものとして自己の社会的代謝活動の一環をなし、その意味において自己の生命活動の一部となる。ただし、この関係運動の独自の内容は、相手もまた主体＝人間であることである。他者の中に自己を見、自己に対して他者として関わる(対自的に関係する)ということは、他者の欲求、感情や考えを自己のそれとして感じ取り、他者的視点から自己を見る意識の醸成を意味する(こうして自己意識は、社会的アイデンティティーの形成において発現する)。共同作業として行われる労働は、共同的な実践活動を通じて、主体と他者との間の意識の交流の発展を必然化する。それは、労働こそが共同的形態をとる対自的な合目的的関係運動であるからであり、コミュニケーションの発展を必然化する「共同」の基本的契機は、既述のように消費過程にではなく何よりも労働過程にこそ存在しているからである。

コミュニケーションは、言語活動に媒介される。言語活動は、芝田氏が述べているように、「伝達過程」と「受容過程」から構成される。

言語は、共同体の成員の個別化の最初の媒介者の一つでもあって、分業と協業の発展とともに、集団談話から対話へ、対話から独話へと言語活動の伝達過程の形態は発展する。「相互伝達過程」としての伝達過程は、「伝達過程」と「受容過程」に、またその主体は「送り手」と「受け手」に分裂する。このばあい、両者は相互に前提し、媒介し、転換しあい、また発声活動と聴取活動、発声器官と聴覚器官は、相互に前提し、媒介し、分化・発展する……。「送り手」と「受け手」が相互に転換しあってはじめて「伝達内容」が「受容内容」になり、また「受容内容」が「伝達内容」として確証される。（芝田、一九六一、九二頁）

こうして、人間は言語を媒介としてコミュニケーション活動を行う。言語活動は、概念的・論理的あるいは、感性的・形象的な交流のいずれかとして現れることもあるが、一般的には両者が融合した状態で行われる。人間の意識活動が、概念的・論理的かつ感性的・形象的な意識活動の統一として存在している以上、意識の交流もまたそれらの統一として現れざるを得ないからである（永井潔、一九七〇）。したがって、コミュニケーション活動もまた、言語を通じた論理的・概念的な意識活動であるとともに、感性的あるいは形象的な意識の交流であり、これらの両面からなる人間性の全面的かつ総体的な関係（＝交流）運動である。

こうした中で、欲望に規定された目的の共有、共有された目的に対する労働・実践の共有が、幸運にも目的の達成に対する感動の共有に至る場合もあれば、逆に失敗が落胆や軋轢を生む場合もあり得よう。簡単に言って、労働・実践に伴う喜怒哀楽の日常的な連鎖の中で、ある場合には喜びの共振は大きな人間的感動を、また時として幻滅は底なしの憎悪を生むに至るのである。スミスが『道徳感情論』において言うように、「共感」（sympathy）は、人間の生命活動の本質的要素を成している。

およそあらゆる労働は、肉体的労働と精神的労働の両面からなるが、個人の生命活動においても、社会全体の活動としても、精神的労働の比重と役割がしだいに増大し、それに伴ってコミュニケーションの内容が高度化する。この過程におけるとくに教育の重大な役割について、中野徹三氏は、次のように指摘する。

神ではなく、人間自身が人間の運命の支配者であることが次第に理解されるのにつれて、人間と彼の社会生活についての理論や実践的諸観念（倫理等）も自分の足で立ち始め、美的感覚や芸術的生産も自立した歩みを開始する。そしてこれら精神的富の所有と活用が社会における彼の地位と役割をますます直接に規定するようになる（特に市民革命後）にともない、世代間の精神的富の組織的な再生産・伝達過程である教育は、特にそれが万人に義務的となることにより、一国民の精神活動全体の相貌と内実をかなりの程度まで規定する一大要因にまで成長したのである。現代世界においてはいわば「生活諸過程の精神化」とも称すべき過程がますます深く広く進行しており、それは次の世紀（二一世紀のこと—引用者）においては第三世界を含めて、いっそう広く深く進展するであろう。（中野、一九八一、五一頁）

ここでも述べられているように、こうした精神的労働の発展は、物質的生産労働の協業・分業の発展それ自体に付随する「伝達」・「受容」としてのコミュニケーション活動の発展に加え、芸術的生産に象徴されるような精神的生産労働の自立的な発展、あるいはまた、後述するところの指揮・管理労働、「全体労働」の内部における「部分労働」、商業労働の発展等の形態で、精神的労働の従事者を増加させる。これらの精神的労働の発展は、その内実を見るならば、精神的労働それ自体における協業・分業の発展に支えられ、他者との共同という側面をますます強める方向で行われていく。

精神的サービス労働は、それが人間同士の送り手と受け手との相互関係として展開する点で、まさにコミュニケーション活動そのものである。精神的財貨の生産においては間接性を帯びるが、精神的サービス労働の場合は、人と人との直接的な交流関係として、コミュニケーションがその実体を成している。その本質は、サービス労働の考察において指摘した「生産・消費の同時一体性」と通底している。別言すれば、精神活動としての外部化活動と内部化活動の統一である。

そこではまず話し手の頭の中で話そうとする内容が意識・創造され、その内容が音声（空気振動）やジェスチャーとして表現される（＝外部化する）。相手は、これを聴覚や視覚を通して自分の意識に反映する（＝内部化する）。そして、逆の関係を含めた一連の交互作用がこれに続くことになる。ここで生産物は表現しようとする内容を具現化した音声やジェスチャーであり、そのプロセスは生産行為と一体化している。発信者の生産過程は同時に相手の消費（＝内部化）活動であり、生産と消費がやはり一体化している。逆の場合は逆である。そもそも歌手・教師・医師・弁護士・俳優などの諸要素は、萌芽的には人間の日常的な生命活動に内在しているものであり、それが発展して職業的に専門化し自立化したものに他ならないから、それらの諸活動が本質的に同じくコミュニケーション活動としての実体を持っていることは当然のことである。

同様に、教育労働、保育労働、医療労働等々のサービス労働も、もともと人間の日常的な生命活動において、萌芽的な形態であるとしても、普遍的な要素として含まれているものである。これらの多様な実践は、協業と分業の社会的発展の中で、その形態を格段に組織的で自立的なものとし、諸労働が相互に交流・作用し合うコミュニケーション活動を発展させ、類的存在としての人間のコミュニケーション活動をその生命活動の全領域において深化させる。こうして、日常生活における意思や感情の「伝達」・「受容」から、高度な合目的的な精神的生産・消費のレベルに至るまで、無数の精神的な交流と相互作用の発展を媒介とした生命活動が展開する。ちなみに、日常的なコミュニケーション活動が意識の上で労働として現れるかどうかは、その活動が合目的的関係運動としての実体を備える程度に自立的かどうか、別の側面から見れば、基本的には協業と分業の発展に依存する。

5　小括

本章がテーマとする人間・組織を対象とした生産の独自性とは、第一に、精神的消費に対応した精神的生産の関係が、生産の本質的契機として登場することである。物質的生産に対象を限定した「本源的規定」の枠の中でも、その生産物には必ず精神的な労働が対象化されており、生産物は精神的労働と生産手段の物理的消費を担う肉体的労働との複合的な成果であった。しかし、人間・組織をも労働対象とする循環論的視点に立てば、精神的消費とそれに対応した精神的生産が本質的な契機として登場するし、社会の発展は肉体的労働から精神的労働へのシフトとして現れてくる点で、この点の考察を欠いて労働の変化の全体像を論ずることはできなくなる。また第二に、この過程とオーバーラップしながら、その対象が人間・組織であることの直接的な結果として、サービス労働がやはり本質的な契機として現れることである。これらの関係について、諸概念の関係をまとめて図示すると図2-1のようになる。

ここで、『資本論』が、物質的生産に対象を限定したのは、人間・組織を対象とした非物質的生産労働では、当時の資本主義的発展段階において、この領域特有の「事柄の性質上」、資本主義的生産が「とるに足りないもの」であったからである。二六頁で引用した『草稿集』⑨の箇所ではこの点が次のように説明されている。

(二種類の非物質的生産においては―引用者) 一、……資本主義的生産はきわめてかぎられた程度でしか充用されえない。……この場合、いろいろな科学的または芸術的生産者たち、手工業者や専門家が書籍商人たちの共同の商人資本のために労働するということは、たいていは、資本主義的生産への過渡形態たるにとどまるのであって、この関係は、本来の資本主義的生産様式とはなんの関係もなく、形式的にさえまだそのもとに包摂されてい

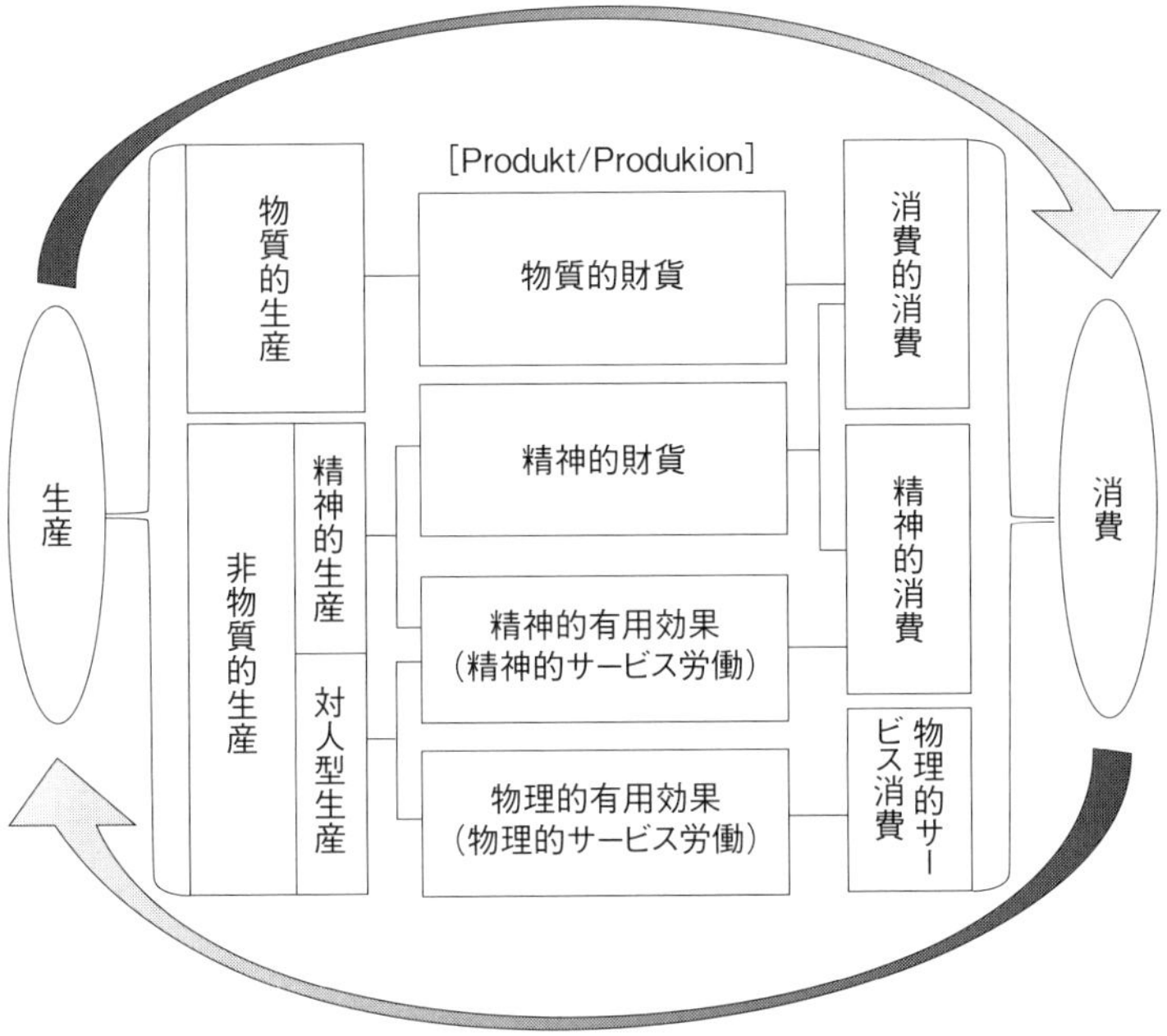

図 2-1　物質・非物質を基準とした生産と消費の関係

ないのである。……二、……この場合にも、資本主義的生産様式は狭い範囲でしか行なわれず、また、事柄の性質上、わずかな部面でしか行なわれえない。……この領域での資本主義的生産のこれらいっさいの現象は、生産全体とくらべれば、とるに足りないものであるから、まったく考慮外におくことができる。

このように、資本主義的生産がもっぱら物質的生産領域でのみ展開されていたため、賃労働と対照されるべき労働の一般的性格の規定は、事柄を「自然とその素材」との関係において捉えた「本源的規定」の内容「だけで十分だった」。

ちなみに、非物質的生産に関わる労働も、物質的生産労働とともに、人間社会における歴史貫通的に存在する労働である。マルクスは、そこにも多大な関心を払っていた。しかし、当時の現実からすれば、その種の労働者は、資本主義的生産を考察する上で、「考慮外におくこと」が妥当であった。剰余価値の実現という「特定の社会形態」の本質は、「本源的規定」との対照による物質的生産の現実に十分に集約されていたからである。しかし、今日の社会を論じるためには、もはや非物質的生産を「考慮外に置く」ことは不可能である。この点は第II部第四・五章で詳しく説明することとして、ここではこれを念頭に、物質的生産と非物質的生産の違いについて、改めて次の諸点を確認しておこう。

第一に、物質的生産と非物質的生産の区別を、生産物が有形か無形かを基準としてはならないことである。というのは、有形と無形の境界は、どちらの生産の結果としても生じるからである。例えば、物質的生産の領域で言えば、固形性という点で言えば、例えば水のような流動的な物質は決まった「形」を持たないし、加えて視認性という点では、ガスや電気は目に見えない無形物である。一方、非物質的生産の領域でも、書物や絵画といった精神的財貨が存在するからである。

第二に、物質的生産と非物質的生産の区別を、生産物が厳密な（物理的な）意味での「物質」か「非物質」かを基準として区別することもできない。精神的労働としてよく例に出される歌手の場合では、歌唱を空気の振動という物理的な側面からみれば、物質的生産という側面を持っているからである。

歌手は、大工が建物を建てる時のように、完成された状態をまず頭の中で再創造する。実際の演奏は、これを外部化する行為である。ここで生産物は、奏でられる歌そのものである。それは、特定の波形・リズム・波長を持った歌手の歌声であり、そういうものとしての空気の振動である。静止する空気に対してこれに振動を加え、声帯の物理的運動を空気振動としての音声に転換する。物質的財貨一般と異なるのは、聴衆からは音声についてはその形を視覚では捉えることができず――その意味で無形であり――主として聴覚で感じ取ることができるということである。

ある種のサーヴィス諸供与すなわちある種の諸活動または諸労働の結果たる使用価値は、商品に体化されるが、これに反して、他のサーヴィス諸供与は、手でつかめるような、身体それ自体から区別される結果を、なにもあとに残さない。すなわち、それらのサーヴィス供与の結果は販売可能な商品ではない。たとえば、ある歌手が私のために行なうサーヴィスは、私の美的欲望を充足させる。しかし、私が享受するものは、その歌手自身から切り離すことのできない行為のうちにのみ存在しており、歌うという彼の労働が終わるやいなや、私の楽しみも終わる。私が享受するのは活動それ自体――私の耳へのその反響である。(『草稿集』③、四三六頁)

要するに、有形物としてではなく、聴覚や視覚に働きかける有用効果の生産においても、一般的にはその作用において、空間や空気等何らかの物質的媒体への働きかけが必要であり、物質的変化をまったく媒介することなく対象に何らかの作用を及ぼすことは不可能である。したがって、純粋に物理的な意味でこれらの現象を捉えるならば、それが物質世界の中で生起する現象であるという意味では、すべてが物質的生産と言うこともできる。物質的生産と非物質的生産の区別は何よりも、精神的生産との関係、および人間・組織を直接の労働対象とする関係における、当該使用価値の有用性から判断されなければならない。

第II部　賃労働論

第三章　賃労働者の生命活動

1　賃労働の成立、賃労働とは何か

現代社会に生きている人間から見ると、労働と言えばまずは賃（金）労働を思い浮かべる。一般的に言えば、この社会では、労働力を売らなければ（＝雇われなければ）生きていけないからである。しかし、人類史をさかのぼるとこのような生き方はきわめて特殊であることがわかる。歴史の大部分を占めていた原始（共産制）社会には賃労働は存在しない。三〇〇万年を超えると言われる人類史の中で、資本主義社会が成立し労働が一般的に賃労働として現れるのはたかだか二〇〇年超、三〇〇年だとしても人類史の一万分の一に過ぎない。後述するように、余暇は、この賃労働の成立のメダルの裏側として発生する。したがって、余暇を理解するためには賃労働を理解しなければならない。

現代社会では賃労働は当たり前で、永遠に循環する自然現象のように見える。しかし、人類史の大部分が非賃労働の時代であったとすれば、労働が非賃労働から賃労働へ転換する始まりがなければならない。資本主義社会の直前の社会は封建制社会であるから、それは封建制から資本制への転換であることになる。社会経済学ではこの転換――歴史の大転換――過程を「先行的蓄積」（スミス）あるいは「本源的蓄積」（マルクス）と呼んでいる。

この過程は、農民の共有地・土地・家屋などの没収による農民の追い出しでもあった。イギリスでは、一五世紀から一六世紀を通じて続いた第一次エンクロージャー、一八世紀後半から一九世紀（一八二〇年頃）にかけて発生した第二次エンクロージャーがそれである。トマス・モアは『ユートピア』の中で、牧羊化のための耕地の囲い込みを中心とする第一次エンクロージャーの様子を次のように描いている。

（イギリスの羊は―引用者）以前は大変おとなしい、小食の動物だったそうですが、この頃では、なんでも途方もない大食いで、その上荒々しくなったそうで、そのため人間さえもさかんに食い潰されて、見るもむざんな荒廃ぶりです。そのわけは、もし国内のどこかで非常に良質の、したがって高価な羊毛がとれるというところがありますと、代々の祖先や前任者の懐にはいっていた年収や所得では満足できず、また悠々と安楽な生活を送ることにも満足できない、その土地の貴族や紳士やその上自他ともに許した聖職者である修道院長までが、国家の為になるどころか、とんでもない大きな害毒を及ぼすのもかまわないで、百姓たちの耕作地をとりあげてしまい、牧場としてすっかり囲い込んでしまうからです。家屋は壊す、町は取り壊す、後にぽつんと残るのはただ教会堂だけという有様、その教会堂も羊小屋にしようという魂胆からなのです。林地・猟場・荘園、そういったものをつくるのに相当土地を潰したにもかかわらず、まだ潰したりないとでもいうのか、この敬虔な人たちは住宅地や教会付属地までも、みなたたきこわし、廃墟にしてしまいます。（モア、一五一六、二六・二七頁）

こうして土地にまつわる人格的支配からも、その利用からも切り離された「二重の意味で自由な労働者」が誕生する。このようにして生まれた労働者がすなわち、賃労働者である。

……貨幣が資本に転化するためには（資本主義が成立するためには―引用者）、貨幣所持者は商品市場で自由な労働者に出会わなければならない。自由というのは、二重の意味でそうなのであって、自由な人として自分の労働力を自分の商品として処分できるという意味と、他方では労働力のほかには商品として売るものをもっていなくて、自分の労働力の実現のために必要なすべての物から解き放たれており、すべての物から自由であるという意味で、自由なのである。（『資本論』①、二二一頁）

人格的・身分的な支配から解放され、土地をはじめとする伝統的生活空間の拘束からも解き放たれたことは、封建制社会のしがらみから自由になったという意味で明らかに進歩である。しかし、これで人々が人間的欲求の充足において自由になったのかというとそうではなく、資本主義社会では別の新たな不自由が待ち受けていた。

2　疎外された労働としての賃労働

労働の協業・分業の発展を内容とする生産力の発展は、やがて私的所有と資本主義的生産関係を生み出す。この点については、芝田氏は次のように述べている。

労働の分割の発生の結果、生産様式を総括するものが、自然ならびに労働生産物を占有し領有する便宜をもちうるようになり、ついでそれらをみずからのものとして所有するようになり、他方、肉体的労働ないし指揮される労働をおこなうものは、この所有から排除されるようになる。……人間の自然にたいする、したがってまた労働生産物すなわち物（Ding）にたいする占有（Besitz）は、物件（Sache）にたいする所有（Eigentum）になる。労働生産物は商品、いいかえれば「物件」になる。人間の物にたいする関連は、物件を媒介とする人間と人間との関係、より正確には、物件を媒介としてのある人間の他の人間にたいする支配の関係、物件的関係なる。こうして、本来、労働に内在する人間的なつながりである共同体的な「連繋」は、個々の人間にとって外的かつ偶然的な、固定化された「社会的な諸関係」（より正確に訳すれば、利益社会的な諸関係）に包摂されるようになる。人間の自然にたいする、また相互にたいする能動的なはたらきかけは、生産諸関係ないし所有諸関係になる。（芝田、一九七五、二〇四・二〇五頁）

その結果、本来自由であるべき労働は、疎外された労働として現れる。マルクスは、労働が疎外された労働として現れる四つの局面について、『経済学・哲学手稿』の中で次のように論じている。労働疎外を論じる場合には必ずと言って良いほど言及される論述であるので、なるべく原文に依拠しながらその内容を確認しておこう。

その第一は、物の疎外である。

労働者が労働の生産物にたいして、疎遠な対象、彼を支配する強力な対象にたいしてのようにふるまうという関係。この関係は同時に、感性的外界にたいし、自然諸対象にたいして、ある疎遠な、彼に敵対的に対立する世界にたいしてのようにふるまうところの関係である。（『経哲手稿』、一〇三・一〇四頁）

すなわち、労働の成果たる生産物からの疎外である。労働の目的は、本来的にその成果物の取得と消費にある。労働の成果である生産物はかつて自己の支配下に置かれていたものが、他者の支配下に入ると、疎遠かつ敵対的な生産物として現れる。

第二は、自己疎外である。

労働が生産の行為にたいして、労働の内部でもつ関係。この関係は、労働者が彼自身の活動にたいして、ある疎遠な、彼に所属しない活動にたいしてのようにふるまうところの関係である。……自己疎外だ――上述のは物の疎外だが。（同書、一〇四頁）

物の疎外が生じるのは、そもそも労働過程において、すでに自らの労働そのものに対する主体性を喪失しているからである。労働時間や作業内容など労働に対する管理は、労働過程の管理者が利潤追求の観点からこれを行う。これに伴って、意に反して管理される分、労働は自由と自発性が失われた労働となる。労働が自由な自己を喪失しているという意味で、自己疎外である。

第三は、類的存在からの疎外である。既述のように、人間は労働を通じて自然および人間・組織という対象と関わり、それらを「非有機的身体」としての自己とする。こうした外的対象との能動的な関わりを媒介として、自己をも対象とする自己意識が生じる。すなわち自己の「二重の二重化」であるが、このことが人間の類的存在の内実をなしている。ところが、自己から自然的・社会的対象を媒介とする自己が切り離され（疎外され）るようになると、人間の生命活動は、類的生活としての内容から切り離され、労働が「個人的生存の手段」に矮小化される。

人間の類的存在を、自然をも彼の精神的な類的能力をも、ともに、彼には疎遠なある存在、彼の個人的生存の手段にしてしまう。それは人間から彼自身の身体を疎外する、ちょうどそれが、彼の外の自然、ならびに彼の精神的本質、彼の人間的本質を疎外するように。（同前書、一〇八頁）

第四は、人間疎外である。自己疎外という自己に対して持つ関係は、他者との関係の中で顕在化するため、自己疎外は他者との関係からの疎外、すなわち人間疎外として現れる。

人間が彼の労働の生産物から、彼の生命活動から、彼の類的存在から、疎外されている、ということから直ちに生ずる一つの帰結は、人間からの人間の疎外である。人間が自分自身と対立する場合、他の人間が彼と対立しているのである。人間が自分の労働にたいする、自分の労働の生産物にたいする、自分自身にたいする関係について妥当することは、人間が他の人間にたいする関係についても、人間が他の人間の労働および労働の対象にたいする関係についても妥当する。一般に、人間の類的存在が人間から疎外されているという命題は、ある人間が他の人間から、またこれらの各人が人間的本質から疎外されているということを、意味している。人間の疎外、一般に人間が自分自身にたいしてもつ一切の関係は、人間が他の人間にたいしてもつ関係において、はじめて実現され、表現される。したがって、疎外された労働という関係のなかでは、どの人間も、彼自身が労働者としておかれている尺度や関係にしたがって、他人を見るのである。（同前書、一一〇頁）

以上、本来的に人間的自由の実現過程であるはずの労働が、疎外された労働として現れる場合の四つの局面をみてきた。賃労働はまさにこの意味で疎外された労働であるが、問題はこうした実体が社会の仕組みとしてどのように現れるかということである。この点を理解するためには、労働する諸個人が賃労働者として、したがってまた資本の運動の内的契機として現れるという、資本主義社会の仕組みを理解しておくことが必要となる。そのための体系的な理解は、何よりもマルクスの『資本論』を読み、その内容を頭脳に焼き付ける（＝「内部化」する）ことに尽きる。しかし、そこに至らないまでも、本書の内容を理解する上で、少なくとも次の諸点を念頭に置いて欲しい。

資本主義社会では、労働生産物の大部分は商品として現れる。したがって、まず商品についての最小限の理解を確認しておこう。

商品は、使用価値と交換価値の二つの要素から構成されている。このうち、使用価値とは、人間の生命活動にとって有用な物（財ともいう）である。これに対して、諸商品からその使用価値の違いを取り去ってしまうと、そこに残るのはその生産に必要とされた労働量（筋肉や神経活動の支出の量であり基本的には時間で測られる）である。商品に含まれるこの側面を単に価値というが、価値は商品交換において初めてその存在を主張するので、その点を考慮すると交換価値と表現される。ついでながら、この交換価値は、「価格」（市場価格）として、われわれの日常に姿を現す。

さらに、この二つの要素をその背後にある労働にまで遡ると、使用価値は「具体的有用労働」の、交換価値は「抽象的人間労働」の、それぞれ産物である。

次に、商品の大部分は、資本主義的商品生産の産物として市場に現れる。自営業者や農家の家族経営もまた商品を生産するが、こうした生産は単純商品生産と呼ばれる。できあがった商品をいくら眺めてみても、両者の違いはわからない。両者の区別は、基本的には雇用関係の有無にある。資本主義的商品生産は、資本家が労働者を雇用して生産過程を編成するのに対して、単純商品生産は個人または家族が労働の主たる担い手である。

資本主義的商品生産の場合、資本家は生産手段（労働手段・労働対象）と労働力を購入し、これらを結合・指揮して商品を生産し、これを販売して利潤を獲得するという循環を繰り返す。これを「資本循環の一般的定式」と言う（図3-1）。

ここでGは貨幣、Wは商品、Pmは生産手段、Aは労働力、「—」は流通過程、「…」は生産過程を表

$$G—W\left\{\begin{array}{l}Pm\\ \\ A\end{array}\right.\cdots P\cdots W'—G'\,(=G+g)$$

図3-1　資本循環の一般的定式

す。「′」がついているのは、それぞれ違った商品、違った大きさの貨幣額（増大）を示す。ここで、単純商品生産から資本主義的商品生産を区別するのは、以下の内容の両方が確認できるからである。すなわち、①労働者は資本家に労働力を販売し、資本家の生産過程の中で賃労働者として労働を担っている。②商品を販売した結果、「g」という果実が実現されている。このことは、交換価値の増大（価値増殖）こそが生産の目的であって、使用価値はそのための手段に過ぎないことを示している。

なぜ、「g」が実現するのか。それは端的に言えば、生産過程において労働者が自分自身の価値（労働力の再生産費＝生活コストに等しい）よりも大きな価値を作り出したからである（このような循環の中にある労働力を可変資本という）。つまり、労働者はその労働によって、自らの再生産費（＝賃金）分に加えて、それを越える新たな価値部分（g）をも生産物に付け加えたということを意味する。この部分の価値を、剰余価値という。剰余価値は、現実の市場においては利潤として現象する。

単純商品生産の場合でも可能性としては「g」も発生しうるが、経営者でもあり労働者でもある生産者自身が取得する。生産の目的は、何よりも自己の再生産（＝単純再生産）である。これに対して、資本主義的商品生産は、利潤の増加、すなわち価値増殖（＝拡大再生産）こそが「推進的動機・規定的目的」であり、それが実現できない以上、自らの存在理由がない。

以上要するに、資本主義社会は基本的に資本の自己増殖運動としてあり、したがって別な言い方をすれば、交換価値原理が全体を支配している社会であるということである。これは、そうした原理が働かず、人間・組織がもっぱら本来的な生命活動（としての生産と消費）を原理として存在していた状況との根本的な対照をなす。人間・組織が、社会に必要な使用価値の生産と消費の循環として存在していたことからすれば、これを使用価値原理の社会と呼んでもいいだろう。人間・組織が歴史貫通的に使用価値の生産と消費なくして存立できない以上、資本主義社会もまたその例外ではない。したがって、その意味では資本主義社会は、交換価値原理と使用価値原理の矛盾、両者の統一と対抗の社会であると言うことができる。

そこでは、先の労働疎外の四つの局面について言えば、労働生産物は他者（資本家）のそれとして、労働過程は資本の生産過程として、自由であるはずの労働は生きていくための手段（可変資本）に矮小化されたものとして現れる。そして、「どの人間も、彼自身が労働者としておかれている尺度や関係にしたがって」、つまり賃労働の人格化として「他人を見る」人間疎外として現れる。価値増殖を目的とする資本循環の中で働く賃労働者は、この意味合いにおいて、自由な人間であることから構造的に疎外されている。

こうした、類的存在＝人間としての自己実現が疎外される社会においては、人間的欲求が、具体的な諸欲求の実現だけではなく、自己の存在確認や自己実現そのものに対する欲求としても現れる。A・H・マズローは、有名な「欲求五段階説」において、「欠乏動機」に基づく「生理的欲求」、「安全の欲求」、「所属と愛の欲求」、「承認の欲求」と、「成長動機」に基づく「自己実現の欲求」の五段階を提唱した。そして、その最上位に位置するとされる「自己実現」欲求について次のように説明している。

自分自身、最高に平穏であろうとするなら、音楽家は音楽をつくり、美術家は絵を描き、詩人は詩を書いていなければいけない。人は、自分がなりうるものにならなければいけない。人は、自分自身の本性に忠実でなければならない。このような欲求を、自己実現の欲求と呼ぶことができるであろう。（マズロー、一九五四、七二頁）

しかし、人間が「自分自身の本性に忠実でなければならない」という問題意識が一般的な社会通念として共有され得るのは、選択の自由が現実性を帯びながらもそれが実現できない社会、すなわち使用価値原理が交換価値原理によって支配される資本主義社会においてである。その意味で、「自己実現の欲求」もまた特殊歴史的な「欠乏動機」に基づくものであるとともに、基本的に賃労働の一般的成立に伴う自己疎外、人間疎外を前提として顕在化する欲求として把握すべきであろう。

ともあれ、こうした原理を有する社会において、労働生活の対極において余暇生活が登場し発展することになる。この点は章を改めて少し後で述べることとして、その前にこうした社会的発展段階における生産と消費をめぐる社会的なあり方について、もう少し検討しておくことにしよう。

3　大工業による「内的自然」の変革

工業の市場経済への包摂は一般に、伝統的で職人的な手工業を基礎とする小商品生産、工場内分業によって特徴づけられるマニュファクチュア、そして、機械制大工業の三段階を辿る。レーニンは、これらの初段階の特徴を以下のように描いている。

小商品生産は、太古からほとんど普遍のままであった、まったく原始的な手工業的技術を特徴としている。営業者は依然として農民であって、彼らは原料の加工方法を伝統によって踏襲している。マニュファクチュアは、分業をもちこむが、この分業は、技術の本質的な変革をもたらし、農民を職人に、「部分労働者」に転化させる。しかし、手工的生産は依然として存続している。そしてそれを土台としているかぎり、不可避的に、生産様式の進歩は非常に緩慢なことを特徴とする。……機械制大工業だけが根本的な変化をもたらし、手工的技巧を投げすてて、生産を新しい合理的な原理にもとづいて改造し、いろいろの科学を生産に組織的に応用する。（レーニン、

一八九九、五七四頁）

資本主義社会の労働過程のもっとも基本的な特徴は、この第三段階目、すなわち機械制大工業の成立と発展にある。『資本論』では、近代工業としての大工業の本性を、「労働の転換、機能の流動、労働者の全面的可動性」に見ている。

機械や化学的工程やその他の方法によって、近代工業は、生産の技術的基礎とともに労働者の機能や労働過程の社会的結合をも絶えず変革する。したがってまた、それは社会のなかでの分業をも絶えず変革し、大量の資本と労働者の大群とを一つの生産部門から他の生産部門へと絶えまなく投げ出し投げ入れる。したがって、大工業の本性は、労働の転換、機能の流動、労働者の全面的可動性を必然的にする。（『資本論』①、六三四・六三五頁）

レーニンも、「工業の最初の二つの発展段階は、住民の定着性を特徴する」とするのに対し、「機械制大工業は必然的に人口の移動性をつくりだす」点を、同様に強調している。労働過程の技術的変革を背景とするこうした流動化の中で、全体としては「生活水準とその文化性」が高まり、したがってまた「物質的および精神的欲望」が高度化していく。

この改造の一つの現れは、農業からの工業の分離、農業経済のうえにのしかかっている農奴制的および家父長制的構造の伝統からの、工業における社会関係の解放である。小商品生産にあっては営業者はまだ農民の殻から完全にはぬけだしていなかった。……小ブルジョアジーと賃金労働者との分離は、国民経済の二つの分野において手に手をとって進行し、まさにそのことによって、分解の両極で農業からの営業者の絶縁が準備される。マニュファクチュアでは、この絶縁はすでにきわめて顕著である。農業に従事しない一連の工業中心地が形成される。工業の主要な代表者は、もはや農民ではなくて、一方では商人とマニュファクチュア経営主であり、他方では「職人」である。工業および、かの世界との比較的発展した商業的交流は、住民の生活水準とその文化性とを高める。……機械制大工業はこの改造を完了し、工業を農業から終局的に分離し、……住民の特殊な階級をつくりだす。この階級は、古い農民層とはまったく無縁なものであり、別の生活構造、家族関係の別の構造によって、また物質的および精神的欲望のより高い水準によって、農民層と異なっている。（レーニン、同前書、五七六頁）

マルクスは、先の引用の少し後で次のように言う。

大工業は、いろいろな労働の転換、したがってまた労働者のできるだけの多面性を一般的な社会的生産法則として承認し、この法則の正常な実現に諸関係を適合させることを、大工業の破局そのものをつうじて、生死の問題にする。大工業は、変転する資本の搾取欲求のために予備として保有され自由に利用されるみじめな労働者人口という奇怪事の代わりに、変転する労働要求のための人間の絶対的な利用可能性をもってくることを、すなわち、一つの社会的細部機能の担い手でしかない部分個人の代わりに、いろいろな社会的機能を自分のいろいろな活動様式としてかわるがわる行なうような全体的に発達した個人をもってくることを、一つの生死の問題にする。
（『資本論』①、五七六頁）

つまり、一つの体系性や熟練性を持った資質であったとは言え、固定的・閉鎖的で部分的な社会的機能の担い手でしかなかった手工業的労働者に代えて、個々の労働としてみれば機械に従属した単純な作業ではあるとはしても「いろいろな社会的機能を自分のいろいろな活動様式としてかわるがわる行なう」ことができる、流動的な部分労働の多様な経験を背景とした「全体的に発達した個人」が生み出されかつ必要とされるようになる。したがってまた、こうした労働者の育成、すなわち徒弟職人的な技術の伝承ではなく、合理的な知識と社会的対応力を涵養するような教育を「一つの生死の問題」とする衝動が資本の側からも台頭する。これが、「工場法の教育条項」は全体としては貧弱に見えるとはいえ、それは初等教育を労働の強制条件として宣言」(『資本論』)することの背景でもあった。

こうして、古い閉鎖的な共同体に埋没していた伝統的な人格は、賃労働者として取り結ぶ流動的な社会的関係の中で、その欲望水準を高めつつ近代的な個人・人格への移行を開始した。そして、労働時間の枠の中で生じるこうした変化は、非労働時間という新たな枠組みをその対極に生み出すことによって、余暇活動をひとつの自律的な生命活動の目的・課題として浮上させていくことになる。

4 賃労働者における消費活動

生産・労働と消費が、一つの物質代謝の循環として分かちがたく結びついていた人間の生命活動が、ここでの出発点である。そこでは基本的に、意識的な生産活動が、消費を目指して、消費を目的として体系化されていた。こうした過程の資本主義的生産過程への包摂は、労働を前述のような疎外の四つの局面において、類的存在としての人間本来の労働と賃労働の矛盾として編成する。同時に、体系的な循環過程をなしていた生産・労働と消費もまた、二つの社会的性格を異にする過程(仕事と生活、時間として言えば、労働時間と非労働時間)へと分裂する。

注意すべきは、資本主義的生産は、人間が行う対自的な合目的的関係運動のすべてを一気に捉えるわけではないことである。多かれ少なかれ、料理、保育や清掃など、自給的な労働が残されるからである。しかし、これらの労働も、基本的にはすでに純粋に自給的なものではない。

社会の最大多数すなわち労働者階級は、この種の労働を自分自身でしなければならない。しかし、彼らがそれをすることができるのは、彼らが「生産的」に労働した場合だけである。彼らが肉を料理することができるのは、肉の代価を支払うための賃金を、彼らがすでに生産していた場合だけである。また、家具や住居をきれいにしておき、靴をみがくことができるのは、彼らがすでに家具や家賃や靴の価値を生産していた場合だけである。したがって、この生産的労働者階級自身の場合には、彼らが自分自身のためにする労働は、「不生産的労働」として現れる。もし彼らが前もって生産的に労働していなかったとすれば、こうした不生産的労働は、彼らに同じ不生産的労働を新たに繰り返すことをけっして可能にしない。(『草稿集』⑤、一九一頁)

つまり、こうした労働は、資本主義社会では剰余価値を生産する生産的労働への従事を前提として初めて成り立つ従属的なものとして現れるとともに、それ自体価値形成(増殖)ではなく――ゆえに不生産的労働となる――自己の生命再生産を目的とした「自分自身のためにする」生活行為として現れる。消費を目的とした一つの全体をなしていた生命活動における対自的な合目的的関係運動は、いまや生産的労働と不生産的労働へと分裂する。

さらに言えば、これらの労働は、いまだ資本循環に直接包摂されず使用価値原理で活動する領域を残している限りで、生命の再生産のための「最後の仕上げ」としての消費活動を目指し、それを目的とした生命活動として体系化され、統合される傾向を持つ。したがって、この場合における対自的な合目的的関係運動としての労働は、資本循環の中での生産的消費ではなく、その外部における個人的消費過程(その一部)として現象することになる。ちなみに、家事が労働であるとするという見方が定着するのは、それほど以前のことではない。世界的には二〇世紀の最後の四半世紀以降、日本ではそれより少し早く高度経済成長期以降のことである（大森和子他、一九八一）。それまで専業主婦として家事労働の主たる担い手であった女性の、労働市場への進出がその背景にあると考えられる。

ところが、賃労働こそが生産的労働として現れ得る資本主義社会においては、それ以外の形態での労働、とくに商品生産として行われない労働（＝自給的労働）は、生命再生産活動としての消費という目的の下に統合された消費過程として編成されることになるのである。

ちなみに、資本主義化に伴って、自給的労働・家事労働の社会化（社会的生産への代替）が起こるのは、その行為が既述のように実体的に労働だからである。『資本論』は、家事労働を「共同的な、すなわち直接に社会化された労働」として、次のように描いている。

自分の必要のために穀物や家畜や糸やリンネルや衣類など……これらのいろいろな物は、家族にたいしてその家族労働のいろいろな生産物として相対するが、しかし、それら自身が互いに商品として相対しはしない。これらの生産物を生みだすいろいろな労働、農耕や牧畜や紡績や織布や裁縫などは、その現物形態のままで社会的な諸機能である。というのは、それらは、商品生産と同様にそれ自身の自然発生的な分業をもつ家族の諸機能だからである。男女の別や年齢の相違、また季節の移り変わりにつれて変わる労働の自然的諸条件は、家族のあいだでの労働の配分や個々の家族成員の労働時間を規制する。しかし、継続時間によって計られる個人的労働力の支出は、ここではははじめから労働そのものの社会的規定として現れる。というのは、個人的労働力がはじめからただ家族の共同的労働力の諸器官として作用するだけだからである。（『資本論』①、一〇四頁）

ゆえに、比喩的に言えば、食物を口に入れるまでは他者の行為に代替可能である。映画『モダン・タイムス』（チ

ャップリン）における「自動食事機」（!?）の売り込み場面を想起せよ（写真）。

先の引用文にあったように、個人的消費のための諸活動は、賃労働としての自己実現（賃金の獲得）を前提条件とする。その限りで、統計学的な言い方をすれば、労働時間は独立変数であり、非労働時間は従属変数である。同時に、その枠の中でのことであるが、非労働時間における生命活動は、賃労働としての拘束から解放され、自己の生命の維持と発展を目的とする自由な対自的合目的的関係運動という内実を有している。であればこそ、自由時間として意識される部面でもある。

問題は、それ自体としては自由なこの生命活動が、賃労働の従属変数として、したがってまた賃労働者としての労働力の再生産過程として現れることである。この点は、第Ⅲ部で改めて取り上げる。

第四章　非物質的生産（労働）の資本主義的発展

1　非物質的生産の全体像

ダニエル・ベルは、今日の社会的変化を「脱工業社会」と捉えたが、その内容は端的に次のようなものであった。

脱工業社会の場合には、私の議論はこうである。この社会を特徴づける構造的諸傾向——財貨生産経済からサービス経済への変化、改革の源泉としての技術的知識の中心的役割——はアメリカで最もはっきりあらわれているが、すべての先進社会にもあらわれており、ちょうどイギリスにおける機械と工場の導入がすべての工業社会に広がったように、私が抜き出してみせた構造的変化は同様に今日の先進経済の中で進行しているのである。（ベル、一九七三、二頁）

「脱工業社会」の内容は、「〈理論的知識が中心的地位を占めること〉と、〈労働の性格〉の基本的変化」にある。この「労働の性格の基本的変化」とは、次のようなものである。

ますます多くの人が工場よりもサービス部門で労働するにつれて、労働はだんだん〈製造された自然に対するゲーム〉であるよりも〈人間の間のゲーム〉になる。(ベル、同前書、六頁)

以上のようなベルの認識は、ほとんどマルクスがいうところの非物質的生産と重なる。ベルは、こうした変化をマルクスが断片的に言及しているとは考えていたが、関連する諸概念が範疇としては、すでにマルクスの理論体系に含まれていたことに気づいていない。もちろん、マルクスにあっても、当時の社会経済的状況からは、ほとんど想定できなかった今日的諸現象――例えば人工知能の生産――への言及は、含まれていない。重要なことは、すでに論じられていた諸範疇との関連において、現代社会の諸現象がどこまで認識可能なのか、ということである。新しい範疇の設定が必要な場合は、その理論的根拠が既存の理論との関係において明示される必要がある。本章では、こうした観点から、第二章で論じたマルクスの非物質的生産論について、その現代的展開との関係を述べることである。

労働を論ずる場合にもっとも重要なことは、現代資本主義社会を特徴づける「労働の性格の基本的変化」が果たして何なのかという視点でこれを捉えることである。

この点について本書は、労働における本質的な変化を、何よりも自然を対象とした物質的生産労働から人間・組織を対象とした非物質的生産労働を中心とした社会へのシフトという点に見ている。このことは、前者の社会的存在意義が低下したということを意味しない。直接的には、後者の担い手としての労働者がその比重を増大させたということに見られる変化であり、同時に高い物質的生産力が労働力の質的高度化と非物質的生産領域への移動を可能とし、逆に例えば情報化に関わる後者の発展が物質的生産力を飛躍的に増大させるというような、両者の相互促進的な関係の発展を意味している。

このような観点から非物質的生産労働を把握する場合、重要なことは、その対象の存在形態を必要十分に認識する

表 4-1　非物質的生産（労働）の存在形態

生産領域	労働の特質	主な商品・職種例
精神的財貨	物質的財貨に対象化される精神的労働	書籍（印刷された論文），絵画，CD・DVD 等の形態をとった音楽・映像，IT ソフトを内包したスマホ，ロボットなど
対人サービス	精神的サービス労働	演奏家，役者，教師，医師，カウンセラー，介護士，政治家，公務員，各種ガイド，受付業務などの労働またはその一部
	物理的サービス労働	運転士（手），理容師，美容整形師，マッサージ師など，また医師，介護士，保健士などの労働の一部
物質的財貨	物質的生産過程の内部における精神的サービス労働	指揮・監督・管理労働，企画，物質的生産のための研究開発に関わる労働，一般事務労働

こと、言い換えれば、そのような意味において対象を限定することである。その際、これを単に業種から見るのではなく、労働それ自体の本質から見ることが必要不可欠である。ここで、先の概念図で示した生産物または有用効果（サービス）の領域区分に従って、対象とそのイメージを概括しておこう。

表4-1は、非物質的生産（労働）の存在形態を見たものであるが、現実の労働市場はこれらの領域だけで構成されているわけではない。なかでも、無視できない大きな領域は、流通過程を担う商業労働の存在である。その社会的意義は所有権の移転であってその意味で不生産的労働に属するが、労働それ自体の形態的特性として見れば、その少なくない部分は精神的サービス労働や、物質的生産領域と同様に、経営組織内における指揮・企画・一般事務等の精神的労働から構成されている。

こうして概観するだけでも、精神的生産（労働）および対人的なサービス生産（労働）が、いかに広大な領域において社会の再生産を担っているかがわかる。現代社会における労働の変化を、「物質的生産主義」（後述）は論外としても、狭い意味での業種としてのサービス部門を対象として論じることの限界もまた明らかであろう。こうした実態こそが、「サービス労働」、「コミュニケーション的行為」、「知識労働」、「頭脳労働」等々の概念の創出、あるいはそれらへの歴史的な注目を生み出してきたのである。

労働そのものの普遍的な規定を前提に、資本主義社会、とりわけ現代社会における総体としての労働の歴史的内容を把握するという課題を設定するのであれば、テーマは第一に、物資的生産労働と精神的労働論との関係として、その意味での精神的労働論として構想されなければならないし、第二に、そこにおける人間対人間・組織の関係から派生する特殊性を解明するためには、対人型労働としてのサービス労働論という対象領域が設定されるべきであろう。

2　精神的財貨の生産

マルクスの議論を現代に引き継ぐ上で、本書が独自に命名した精神的財貨という概念が重要な役割を演じることになろう。念のために言えば、その内容自体はマルクスの非物質的生産論として論じられていたものであるが、物質的財貨との対照においてあえてこのように差別化することで、無用の理論的な混乱を避け、理解を促進することに繋がることが期待される。その精神的財貨には、大きく分けて次の二つの形態がある。

第一は、精神的労働は何らかの物質的使用価値に合体されるが、その内容が必ずしも当該使用価値の物質的形状と一体化しない場合である。マルクスが例示していたように、その一つの典型例は書籍である。書籍は、一般的には大量生産や必要に応じた増産が可能であるので、資本循環への包摂が可能である。一般的な物質的生産と異なるのは、精神的労働が、単に物質的生産の工程や物質的財貨の完成像を描いたりするだけではなく、精神的な内容、すなわちソフトウェアとして独自に生産されなければならないことである。その過程は、全体労働の中の部分労働として現れることもあれば、精神的生産と使用価値本体の物質的生産とが分離した経営や個人によって担われている場合には、資本の外部からの購入を通じて生産過程に組み込まれる形態をとることになる。いずれにしても、ここでは精神的生産の自立性の一方で、それを内包する物質的財貨の可変性、代替可能性がある点で、物質的生産一般とは異なっており、その限りで非物質的生産における精神的財貨として、物質的財貨一般とは区別されるのである。

この種の精神的財貨の中で、現代資本主義社会におけるもっとも重要な変化・発展は、ＯＳや各種アプリケーションなどのコンピューター・ソフトウェアの開発である。ソフトウェアは、ハードウェアなしには作動しないが、例えば、代表的なＯＳであるWindows等が多様なハードウェアに搭載できるように、コンピューターの生産における精神的労働の自立的な存在意義は明確である。各種のロボットの生産とその生産過程への組み込みを想像すればすぐにわかるように、その発展は、オートメーション化のレベルを顕著に高め、機械制大工業における物質的生産の生産性の向上に対して飛躍的な効果を及ぼしてきた。

この過程をさらに段階的に画する変化が、ビッグデータの処理能力の発展を背景とする人工知能の開発である。人工知能は、それまでのコンピューターでは困難が大きかった精神的労働の機能に代替する機能・能力を実現しつつある。その特性は、何よりもソフトウェア自体が自分自身を進化させる機能を備えていることにあり、その発展可能性には計り知れないものがあると見られている。肉体的労働に代替する機械化の発展は、精神的労働へのシフトを推し進めたが、その一環としてのコンピューター・ソフトウェアの開発は、人工知能の開発を梃子にして、いまや精神的労働それ自体に代替する段階に至ったということである。

第二の形態は、もっぱら鑑賞対象となる絵画、彫刻、陶芸品、生け花、庭園などのような芸術作品がその例であるが、生産された使用価値の物理的・機能的な有用性ではなく、鑑賞・利用の対象となる物質的形状そのものが精神的労働の内容を体現している場合である。一般的に言えば、この種の財貨の生産は、資本循環への包摂が困難である。なぜならば、希少性という生産物の特性そのものが、資本主義的生産を排除するように作用するからである。

なお、芸術作品以外でも物質的形状そのものが精神性を反映するものは、少なくない。例えば、住空間としての「歴史的町並み」は、もともと建造物としての物質的財貨の集合であるが、それが歴史性・文化性を担う使用価値として鑑賞の対象となるに従って、精神的財貨としての性格を強める。この性格が全体を規定するようになると、それはいわゆる「文化財」と観念されるようにもなる。もともとは精神的財貨として生産されたものでなくても、その後の当該空間に対する社会的関係・社会的実践の対象化が、結果としてそのものを精神的財貨に移行させることがあり得るということである。

ちなみに、一般的な物質的財貨の場合でも、とくにデザイン性の発揮において精神的労働が果たす役割は小さくない。その限りでは、精神的財貨としての要素を持っている。この場合は、物質と一体化したデザインもあるが、それ以上にデザインとしての形状そのものが精神的財貨となる。つまり、例えばロゴ・マークがそうであるように、原画そのものではなく、コピーを含むその形状が著作権による利用独占を介して私的所有の対象（＝「知的財産」）となる。その点で言えば、複製品の場合には大量生産が可能となる可能性があるので、それだけ資本循環への包摂は容易になる。この場合には、基本的には、通常の物質的生産における資本循環の形式がそのまま妥当することになろう。要は、物質的な活用に関わる機能こそが有用性の主たる内容であり、希少性よりは汎用性がその使用価値を特徴づける場合、したがってまた大量生産になじむ場合には、一般的な物質的財貨として市場に登場する。

3　サービス労働

サービス生産過程を第二章で示した資本循環として捉えた場合、生産と消費が同時的に一体化したこの種の労働は、特殊な循環形式をとる。これを図示するならば、図4-1のようになる。ここでの特徴は、P（生産資本）が同時に

W′（商品資本）であること、そしてここには示されていないが、売られた商品の消費がこれらに重なることである。

一般的に、資本の循環は、資本家が生産手段（労働手段と労働対象）と労働力を市場で購入し、これを生産資本として機能させる過程（生産過程）を経て、商品資本として実現する点にある。教育労働にこのことを当ててみよう。そこでもし人間が物質的生産過程における労働対象であるとするならば、当該資本は、サービス労働力だけでなく労働対象である人間的自然をも購入し、自己の循環の内部で生産資本として結合・機能させなければならない。このような事態を想定することができるとすれば、購入した労働力に対する「社内研修」のような場合である。しかし、教育サービスの提供対象者の圧倒的な部分は、生徒として、資本から見るとその外側に存在する。しかも（であるが故に）、対象者は購入されるのではなく、逆に教育サービスを購入する。このような事態は、繰り返し述べてきたように、彼らが消費者であることの実体が顕在化したものに他ならない。この場合の労働の目的は、生徒の資質を高めることであり、労働すなわちサービス＝有用効果の発揮の対象は、そのような関係にある生徒である。ここでは、生産行為としての教育労働と労働対象である生徒（主体）の消費活動が同時に行われている。

とはいえ、同じく育成・支援労働の場合でも、その対象を資本が購入する場合も普通に存在する。例えば、稲作経営や酪農経営は、育成労働の対象となる稲の種苗や乳牛を購入することが可能であり、実際それは普通に行われている。したがって、人間を対象とするこの循環形式において本質的なことは、対象が商品の買い手＝消費者として登場するために、資本循環の中に生産資本として登場しないことにある。こうした形式による労働のあり方は、一般的には労働が作業請負労働として対象に関わる点にあり、それ自体としてはサービス労働の普遍的な形態である。稲作と異なるのは、労働対象が意思を持った主体であり、したがって、独立した個人による対自的な内部化活動が大前提として存在し、外部化活動としての労働は、一般的には人間特有の主体的な内部化活動を育成・支援

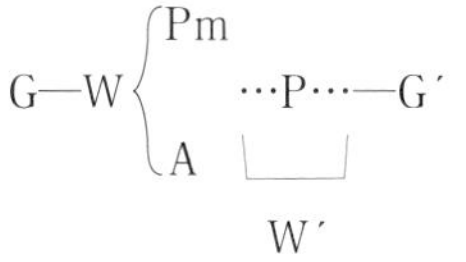

図 4-1　サービス生産の資本循環

する労働として現れるという点にある。

サービス労働は、しだいに資本主義に包摂され、いまやベルも指摘するように、サービス経済が現代経済を特徴づけるところにまで発展した。にもかかわらず、ある意味でこれを象徴するサービス労働は、他の諸形態に比べて、資本循環に取り込みにくい労働形態である。既述のように（第二章5）、精神的サービス労働については、「資本主義的生産様式は狭い範囲でしか行なわれず、また、事柄の性質上、わずかな部面でしか行なわれえない」し、実際にもこの領域での資本主義的生産のこれらいっさいの現象は、生産全体とくらべれば、とるに足りないものである」とされている。ここでいう「事柄の性質」とは何か。

一般的に言えば、生産と消費との関係は次のような歴史的展開を辿ってきた。

第一に、人間は労働によって生産物を生産・取得し、これを消費する。生産と消費は、別々の行為として区別されるとはいえ、生命活動の相互補完的な不可欠な構成部分として一体化されている。第一章で示したように、「生産は直接に消費であり、消費は直接に生産である」。

第二に、社会的分業の出現によって生産物の交換が発展すると、「生産物交換のうちに存する、自分の労働生産物を交換のために引き渡すことと、それとひきかえに他人の労働生産物を受け取ることとの直接的同一性」（『資本論』①、一六〇頁）として現れる反面、個別的な生命活動における生産物の生産と消費はその直接的な一体性を失い別々の過程に分離する。

第三に、さらに貨幣が出現すると、生産物交換における同一性が「売りと買いとの対立に分裂」する。その結果、「生産物交換の時間的、場所的、個人的制限」（同前）が打破されるとともに、生産と消費の関係は市場における需給関係として物象化され、相互に独立した過程として現象する。

これに対して、サービス生産においては、「生産行為」と「生産されるもの」とが一体化する結果、生産物の消費が生産行為と一体化する。つまり、ある主体による生産が、別の主体の消費と直接的な同一性をもった現象として現れる。この過程においても、売買は成立し「売りと買いとの対立」は現れ得るが、生産と消費が同時・一体的である限りで、生産過程においては、物質的生産の場合には見られないような生産と消費における「時間的、場所的、個人的制限」が作用することになる。これが、こうした労働にまつわる独自な「事柄の性質」に他ならない。このことが、こうした制約を受けない他の労働形態と比べた資本主義化の困難を生むのである。

この点と関わって、とくに教育サービスや福祉サービスについて留意しておくべき問題がある。筆者はかつて、「固定資本それ自体の形態での流通」について述べつつ、それが「社会的生産の一般的諸条件」（マルクス）と呼ばれるような大規模な固定資本（いわゆるインフラストラクチャー）の実現に際し、市場経済への包摂が独自の困難を抱えること、したがって公的投資としての「社会資本」建設が必然化されるメカニズムを論じたことがある（山田、一九九二）。つまり、資本主義社会において社会にとって使用価値的に必要である（その意味でその充足が公共性を持っている）にもかかわらず交換価値的に成立しない場合における、社会的矛盾の解決の方法としての公的投資の社会的要請という事情の顕在化である。同じ問題が、一部のサービス業とくに教育サービスや福祉サービスの社会的実現の領域において妥当する。

問題は、こうしたサービス部門を市場メカニズム（資本循環）に包摂することの一般的な困難にある。教育サービスについていえば、良質かつ安価な労働力が大量かつ安定的に養成され労働市場に供給されるかが、資本蓄積の帰趨を決定するといっても過言ではない。社会の相対的な高所得者層における教育サービスであれば、これも可能であろう。しかし、大量の低所得階層が存在することに加え、資本主義的競争が生み出す所得格差の拡大ベクトルは、問題を拡大再生産し続ける。高い教育レベルを備えた労働力の確保という総資本的要請を効果的・効率的に満たすためには、何らかの程度に国家的・公的介入を図る他はない。かくして、教育は権利というよりは義務とされ（義務教育制度）、教育機関の経営や「無償化」を含む授業料の免除など、公的投資が行われる。資本蓄積に適合的な労働力の養成と、そのための教育組織の運営、教育課程の編成への広範な公的介入が必然化される。

福祉サービスも、同様の背景から市場メカニズムへの包摂は困難を極める。教育分野に比べ、高齢者の場合は、資本主義的な生産的労働者の形成においては（交換価値の原理から見れば）、しばしば労働力として維持することの費用対効果が小さいかマイナスと考えられる。とはいえ、投票権（その限りでの政治的パワー）の一大領域を構成するのも事実である。この場合、公的支出を必然化する最大の国家的動機は、一つには政治的・社会的安定であり、あるいは経済的要因としては財政支出の最大限の抑制、介護を家族に押しつけることからくる現役労働力の疲弊など、ネガティブファクターの回避となろう。教育サービスも含め、実際に国家等がどの程度の投資や制度化を行うかは、社会的諸勢力の運動と世論をめぐる力関係がこれを決する問題である。

4　物質的生産過程における組織的労働

次に、協業の発展が必然化する指揮労働あるいは管理労働*の発展である。指揮労働とは、労働過程の全体と部分との関係を掌握し、全体的な労働の展開に整合するように部分労働者を管理・制御する労働である。それは、全体の目的を達成するために、戦略・戦術を認識・考案し、その内容を部分労働者に伝え、その進捗を管理するといった精神的労働である。生産過程内部での生産関係ではあるが、当該行為の実体は精神的サービス労働であるといえる。『資本論』は、指揮労働について次のように述べている。

すべての比較的大規模な直接に社会的または共同的な労働は、多かれ少なかれ一つの指図を必要とするのであって、これによって個別的諸活動の調和が媒介され、生産体の独立な諸器官の運動とは違った生産体全体の運動から生ずる一般的な諸機能が果たされるのである。単独のバイオリン演奏者は自分自身を指揮するが、一つのオーケストラは指揮者を必要とする。この指揮や監督や媒介の機能は、資本に従属する労働が協業的になれば、資本の機能になる。資本の独自な機能として、指揮の機能は独自な性格をもつことになるのである。（『資本論』①、四三四頁）

こうした「比較的大規模な直接に社会的または共同的な労働」は、散発的な形態としては古代より存在する。しかし、それが一般的かつ恒常的な形態として登場するのは資本主義社会であり、この場合、指揮者機能は資本家が担う（但し、次節で見るように、現代では資本家と指揮労働者の分離が広範に発生する）。したがって、右の諸機能は、「比較的大規模な」労働過程一般が必要とする労働であると同時に、支配・非支配の関係を孕んだ剰余価値の搾取労働として現れる。

関連して、芝田氏は、労働過程を「（一）人間の自然にたいする能動的関係たる技術的過程、ならびに（二）人間相互間の能動的関係である組織的過程の統一である」と述べつつ、指揮労働に関連して次のように述べている。

元来、労働は精神的労働と肉体的労働の統一であるが、技術的過程の発展とともに、両者の分化と専門化が不可避的となり、技術学的ないし科学的労働が発展する。同様に労働の組織的過程が拡大するとともに、精神的労働と肉体的労働の分化と専門化が不可避的となり、指揮労働が発展する。すなわち、全生産有機体の個別的諸器官

＊　管理労働の社会的意義については山口正之（一九七二、一九七五）を参照。

の運動の連絡と統一、つまり労働者集団の成員の労働相互間の「物質代謝」（質料転換）を媒介し、規制し、統制するという普遍的機能をはたす組織的労働が発展し、その延長として社会科学が分化する。（芝田、一九六一、七五頁）

この場合、「組織的労働」は、ヒエラルキーの頂点に立つ指揮者にとどまらず、指揮される側における精神的労働としても存在する。

多数の労働者が同じ商品の生産においていっしょに労働する独自な資本主義的生産様式の発展とともに、彼らの労働が直接に生産の対象にたいしてもつ関係は、当然、非常に違わざるをえない。たとえば、先に述べた工場内での手伝い人の労働は、原料の加工とは直接になんの関係ももたない。直接にこの加工にたずさわっている労働者の監督者である労働者は、さらにもう一歩離れている。技師はまた別の関係にあり、主として自分の頭だけで労働する、等々。（『草稿集』⑨、四四三・四四四頁）

ここで注目すべきは、「主として自分の頭だけで労働」するような労働者が増大してくることが指摘されていることである。『資本論』の対象は、さしあたり物質的生産労働に限定されており、精神的生産労働それ自体は考察の対象ではない。それにもかかわらず、労働過程を全体として見れば物質的生産過程であっても、部分労働としてこうした精神的労働が現れてくるからである。

およそ生産物は、個人的生産者の直接的生産物から一つの社会的生産物に、一人の全体労働者の共同生産物に、すなわち労働対象の取扱いに直接または間接に携わる諸成員が一つに結合された労働要員の共同生産物に、転化する。……生産的に労働するためには、もはやみずから手を下すことは必要ではない。全体労働者の器官であるということだけで、つまりその部分機能のどれか一つを果たすということだけで、十分である。(『資本論』①、六六〇頁)

企画・研究開発・一般事務労働など、精神労働としての部分労働の形態は多様であるであろうが、精神的財貨(例えば会計書類など)あるいは精神的サービス労働(各種プロジェクトにおける企画の提案や会議活動など)の実体を有する労働の発展はめざましく、この種の精神的労働は、物質的生産諸部門の内部においても、着実かつ顕著にその社会的労働全体における比重を、量質両面で増大させる。

5 商業労働

一方、資本循環の構成要素として、ここで新たに、商業(販売・購買)労働が加わる。商業労働自体は商品化の結果として貨幣が登場することと踵を接して始まるが、その本格化は前期的・商人資本的な段階を経て、資本主義的市場が成立・発展する時代においてである。そこでは、商業資本は、自立的な一大産業部門として登場する。その資本循環は、販売の面で言えば、産業資本の資本循環を前提にして、商品資本の販売による剰余価値の実現過程に介在し、流通費用を節約する役割を果たす(図4-2の破線三角形の部分)。商業労働は、生産過程で機能しないため、価値を形成・増殖しないという点で不生産的労働である。しかし、当該個別資本にとっては、その労働のあり方が利潤の実現を左右する。マーケティング戦略の下で、売買の相手方となる顧客の意思決定に際し、顧客を対象とする生産的

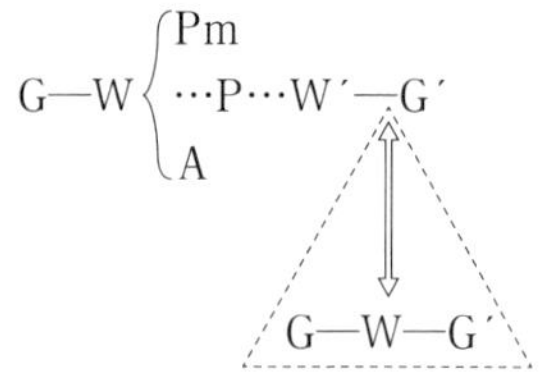

図 4-2　資本循環における産業資本と商業資本との関係

サービス労働のあり方が収益の実現を左右するからである。

販売員活動は広告、セールス・プロモーション、パブリシティとともに、コミュニケーションの重要な手段の一つである。販売員活動は人的販売ともよばれ、古くから販売促進の中核をなすものと考えられてきた。見込み顧客とのコミュニケーションを通じて、市場を創造・開拓することが販売員（セールスマン）の仕事である……。（『基本経営学用語辞典』、一九九四、二一四頁）

この場合、商業労働者が行うコミュニケーション行為（販売労働）が、購買の意思決定に至る顧客の購買活動と同時一体的に展開されるため、労働者は、形態上精神的サービス労働と同様の労働を行う。もちろん、このプロセスは生産物を生み出す生産過程の外側にあるという点では、生産の部面における精神的サービス労働における生産と消費の同時一体性とは異質ではある。しかし、労働過程それ自体としては、生産的労働としてのサービス労働の場合と同種の対人的な社会的関係性の下で、精神的労働が大きな役割を果たすことになる。

6　非物質的労働における「内的自然」の変革と疎外

(1)　労働を通じた精神的変革

第三章3で述べたように、機械制大工業は伝統的な職人型の労働者を、機械とその作業工程に従属した断片的な「部分労働者」に細分化する。それは、一面では労働者の資質と人格、すなわち内的自然を貧困化するが、他面では労働の絶えざる流動化を通じて全面的に発達した個人を養成する傾向を持っていた。「知識労働」が支配的となった今日の労働現場において、精神的労働やサービス労働としての実践は、いかなる内的自然の変革を呼び起こすのであろうか。

ドラッカーは、「知識労働」の特徴について、次のように述べている。

物を作ったり運んだりする労働においては、仕事は所与であり、その内容は一定である。フレデリック・W・テイラーは、砂をすくう仕事について分析したとき、砂をすくうこと自体は所与とした。しかも、物を作ったり運んだりする仕事の多くは、「機械」のペースで行なわれる。つまり、人間が機械に仕える。しかし知識労働の仕事のすべて、およびサービス労働の仕事のほとんどにおいては、機械のほうが、仕事をする人間に仕える。仕事は所与ではない。決めていかなければならない。(ドラッカー、一九九三、一五六頁)

人間の脳の回転に依存する「知識労働」では、「機械のペース」で行われた労働が、その限りでは人間のペースで行われるようになる。しかし、「決めていかなければならない」とするのは、第六章で述べるようにドラッカーが「知識労働」を上下関係のない自営業型の労働と捉えているためであり、現実には戦略性・包括性の強い課題が何らかの形と内容においてまず上位組織において決定(=生産)される。これを所与とする下位組織では、一つの典型的なタイプを考えるとすれば、より具体的で戦術的な課題に従って様々なアイデアを出し合い、課題に沿った精神的財貨(企画書や調査レポートなど)の生産が目指される。これらが純粋にトップダウン型として実現する場合もあれば、ボトムアップ型や、それらの複合型に至る多様な意思決定作業があり得よう。機械に支配された物質的生産力との対照において、望田幸男・大西広両氏は、この種の精神的労働の生産力を「個性の生産力」と捉えている。

一九世紀末の工業化がそれまでの封建的な「熟練の生産力」を解体し、そこでの生産力の主要な源泉は「機械」となる。そして、そうした「機械」と「機械体系」による画一的企画の物財の大量生産とそれにともなう資源の大量消費の時代を招来した。そこにおける働く人間の労働は、機械化による肉体労働の軽減に恵まれつつも、主要には不熟練化された単純労働であり、またどうしても男性労働が中心とならざるを得なかった。以上のような意味で一九世紀末は、「機械」がその時代の生産力と労働のあり方を決める時代、いわば「機械の時代」であった。

これに対して二〇世紀末の工業化は、その技術革新においてコンピューターやロボットの出現に象徴されるように機械による人間頭脳の代替にまで進展したが、それとともに情報化システムの巨大な発達をもたらした。そこにおける働く人間の労働は、消費者の多様化し高度化した欲求に応える商品生産となり、そのために斬新なアイデアとセンスを発揮することを要請されるようになった。ここに青年や女性の感性やセンスを尊重せざるをえない状況が生みだされてきたのである。以上のような意味で二〇世紀末は、その生産力的基礎を「ソフト」=「個性の生産力」におく時代、といえよう。（望田・大西、一九九二、一四九・一五〇頁）

両氏が言うところの、「斬新なアイデア」を生み出す「感性やセンス」を備えた「個性」的な労働者は、一方では、これまでの議論で見てきたように、現場の日常業務において、これを制御し組織的に方向づけするマネジメントを担わなければならない。だとすれば、ここでは労働者は、必要な課題とそれをとりまく状況を理解する能力、上位の管理者の了解を取り付けながら、部下に対して「感性やセンス」あふれる「個性」を尊重しつつ、これを一定の方向性に集約し説得するという活動に日々従事することになる。現代では、これは経営組織におけるピラミッドの頂上から裾野まで、組織の各階層に位置する労働者が遭遇する普遍的な状況なのである。

かくして、こうした労働過程は、課題発見に関わる構想力、専門的であるとともに課題の流動性に対応できる汎用的な思考力と感性、部分を全体において、全体を部分の集積において把握する力、そしてこれらに裏づけられた交渉力や説得力などの発揮を不断に求める。端的に言えば、そのようなものとしての精神的労働の内容を伝達・媒介するコミュニケーション能力が、日常不断に求められることになる。現代の労働者は、「知識労働」やサービス労働を遂行することを通じて、自らの内的自然をそうした資質を内実とするものへと変化させていく。

かくして、経営組織にとって、労働者のこうした精神的資質を不断に高めることは、まさにここでも「生死の問題」(第三章3)として現れる。「知識が生産性を高めるとの公理の上に経済学を再構築する必要」を強調するドラッカーにとって、知識への投資こそが生産性のこれからを決定する。

おそらく知識労働者の必要とする道具に対する資本投資は、いかなる肉体労働者の道具に対するよりも高額である……。こうした資本投資は、彼ら知識労働者が所有し、かつけっして奪い取られることのない知識という「生産手段」が伴わないかぎり、生産的とはなりえない。(ドラッカー、一九九三、一一二頁)

(2) 疎外の現代的形態

「知識労働者」やサービス労働者もまた、それが資本主義的賃労働として行われる以上、物質的生産労働者と同様に賃労働者としての疎外を共有する。とはいえ、もっぱら機械に向かい機械に従属していた労働から、人間的自然と対峙し人間相互の対抗・従属関係が大きな問題として浮上する状況下で、疎外の現れ方にいかなる独自性が付け加わるのであろうか。

既述のように、現代の経営においては多階層にわたるヒエラルキー型の経営組織が一般的な形態となった。そこでは、ほとんど経営トップまでが雇われ経営者(その意味で賃労働者)となっている。管理労働は、最下層に隣接した階層まで普遍的な労働形態となり、資本家と賃労働者といった単純な二者対抗の階級構成を見出すことは困難である（F・ロルドン、二〇一〇）。比重はともかく、ほとんどすべての階層の管理労働者は、その限りでは経営者であると同時に労働者となり、程度の差はあれ二重の階級的意識を持つに至る。

この事情は、管理者意識が強まるほどに、階級意識や労働組合の弱さ――総じて労働者の保守化――に反映される。「ストック・オプション」等の資本所有への参加の広がりもまた、こうした傾向を助長するであろう。しかし、同時に指摘しなければならないことは、組織の目的との間に齟齬が生じる場合には、不断にあるいは突然に管理からの疎外に囚われることになることである。このことは、状況によってはほとんど最上位に近い部分まで賃労働者としての労働疎外が顕在化する可能性が存在することを意味する。資本家と賃労働者との境界は単純で固定的なものではなく、かつてなく複雑かつ流動的であるが、交換価値原理が支配する限り、結局は疎外自体の発生から免れることはできない。

既述のように、非物質的生産は、精神的労働とサービス労働という、相互に関連・重複はしているが、それぞれ独立した労働としても存在する二種類の労働形態からなる。前者は、直接的な対人性を伴わない場合も少なくないのに対し、後者は対人性を本質とするがゆえに、それ自体としては精神的財貨の生産を含まないからである。その上で、両者の共通項である精神的サービス労働に焦点を当てるならば、対人関係が経営組織内で現れる場合と、経営外との関係、つまり対顧客との関係として現れる場合を、区別して考える必要がある。というのは、前者が経営者対労働者、あるいは労働者対労働者の組織内関係であるのに対し、後者は、労働者対顧客との対外的関係が含まれてくるからである。

まず、組織内関係を考えてみよう。労働者どうしの関係は、「チーム」としての関係（ドラッカー、一九六八）、言い換えれば精神的労働における協業の関係に関わる問題である。物質的生産労働のように、関係が基本的に機械体系に規定される場合とは異なり、ここでは、精神的活動における外部化と内部化との相互運動、すなわち直接的なコミュニケーション活動として現れる。

ここで労働を成功裏にやり遂げるために必要な条件は、ひとつには自らが生産・内包する精神的生産の内容、これを表現＝外部化する実演力、一方では協業の相手となる労働者の活動に対する理解力であり、端的に言えば、これらの諸関係を円滑に実現する人間関係力である。良好な人間関係、信頼関係の有無が、生産性を大きく左右する。こうした水平的な協業関係においても各種の疎外は発生し得るが、それ自体としてみる限りでは歴史貫通的なコミュニケーション・ギャップの領域の問題でもある。

資本主義的な組織において発生する疎外は、このような過程に交換価値原理が作用する結果として生じる。例えば、そのチームの課題は、多くの場合組織的課題として上部組織（最終的には最上部管理者）からの指示を通じて現れるが、その内容は、第一義的には交換価値原理の優先であり、使用価値原理はこれに従属する手段として作用する。ここに組織的欲求と労働者自身の内的欲求とのギャップが生じることは基本的に必然的であり、さらなる問題は、それが上位管理者による強制とそれに対する隷属の関係として現れることである。こうした上下関係を孕む信頼関係の喪失とコミュニケーション・ギャップの深化は、象徴的にはしばしば各種ハラスメント案件として顕在化する。

このような組織内的関係に加えて、教育労働や商業労働がそうであるように、対消費者という外部者との関係が大きな比重をもって関わる。まず言えることは、一般に販売者の意図をパフォーマンスを通じて相手の視覚や聴覚等へ働きかける対人的な労働は、労働と同時にその対象となる消費者（聴衆や鑑賞者など）から何らかの直接的なリアクションを受け取るということである。ここで、労働者の意図が活かされるためには、相手の関心を喚起し、何らかの共感を引き起こすような論理性と情熱（感情）が最大限に発揮されなければならない。そうでなければ、しらけや退屈、さらには拒否反応やクレームを受け取ることになろう。対人労働をする側は、相手の反応を見ながら自らを振り返り、コンテンツとパフォーマンスにさらなる改良を加えていかなければならない。

問題は、このような労働が、賃労働として行われる場合に生じる諸関係である。

教育労働ではどうか。かつて大学では、少なくない教員は今日と比べれば自由に授業を進めていたが、今では就職率を量的・質的に高めるための「人材」養成を宣言した大学や学部が決めた共通の「ポリシー」に従って授業を進めなければならない。教員の評価方法がマニュアル化され、教員は学生の「授業評価」アンケートにおいて良い点数を得るように努力しなければならない等々、という組織的フレームの下で教育活動を行わなければならない。

サービス供給を組織的に行うこと自体に問題があると言っているわけではない。問題は、これらの変化が、直接・間接に資本主義社会が強制する競争原理の浸透を強く反映していることにある。まず、生産物が労働過程（生産行為）として現れるサービス労働の場合には、第一の疎外（「物の疎外」）と第二の疎外（「自己疎外」）は、分かちがたく一体化した形で現れるところにこの場合の第一の基本的な特徴がある。つまり、自分の生産行為が、自分が欲する行為とは異なる生産行為として行われなければならないという形態で、自己の二重化が生じる。第二に、育成・支援労働の観点からみると、生産＝外部化生命活動が消費＝内部化生命活動と同時一体化されている中で、両者の対立を通じて、労働者自身が消費者からも疎外されるということが起きる。言い換えれば、物的生産における「物の疎外」がここでは「対象からの疎外」として現象するということである。

教育労働が資本循環に取り込まれた場合、すなわち教師が賃労働者として現れた場合における教師の「ひどい不運」について、マルクスは次のように述べていた。

学校教師が生産的労働者であるのは、彼がただ子供の頭に労働を加えるだけではなく企業家を富ませるための労働に自分自身をこき使う場合である。この企業家が自分の資本をソーセージ工場に投じないで教育工場に投じたということは、少しもこの関係を変えるものではない。それゆえ、生産的労働者の概念は、けっして単に活動と有用効果との関係、労働者と労働生産物との関係を包括するだけではなく、労働者に資本の直接的増殖手段の極印を押す一つの独自に社会的な、歴史的に成立した生産関係をも包括するのである。それゆえ、生産的労働者だということは、少しも幸運ではなく、むしろひどい不運なのである。（『資本論』①、六六〇頁）

つまり、この場合には教師は生産的労働者になるわけであるが、それは「少しも幸運ではなく、むしろひどい不運」となる。教育労働者の目的は、『『人間的自然』を変化させ、そのうちに眠っている素質を発展させること」、別な言い方をすれば、その究極的な目的は学生・生徒が人間として全面的な発達を遂げることにある。しかし、教育労働者は、現実には賃労働者として資本主義社会で生きていかねばならない。そこでは、「学校教師が生産的労働者であるのは、彼がただ子供の頭に労働を加えるだけではなく企業家を富ませるための労働に自分自身をこき使う場合である」。教育労働者は、自己の教育者としての本来的な欲求と「企業家を富ませる」という社会的関係から生じる欲求との軋轢・確執の中で、日々精神的葛藤を強いられる。

消費者である生徒の側もまた、もっぱら将来的により高価な労働力としての資質を備えるための学習に励むか、これに囚われない発想においてなんらかの自らの内的欲求に従って学ぶか、端的に言って、何よりも偏差値を上げるために学習するか、学習内容への関心をベースに自己の人間性を高めることを目的にして学ぶかといった問題に直面する。

そして、このそれぞれの立場において疎外的状況に置かれた教育者と生徒が一つの実践プロセスを共有する結果として、矛盾は両者の主体的な相互関係としても展開することになろう。生産物（生産行為）としての実演の内容をこうした対象との関係から切り離すことはできないから、この矛盾関係は、実演全体に反映する。つまり、教師の側では教育労働それ自体における疎外に加えて、教育労働過程における意図しない結果や対立としても現れる。別の言い方をすれば、ここでは問題は生徒との間のコミュニケーション・ギャップとして顕在化する。教師も生徒も、それぞれの立場においてコミュニケーション・ギャップという関係において、教室の中の社会的関係から疎外される。アカデミック・ハラスメントやいわゆる授業崩壊の広がりがこうした矛盾の拡大を象徴する。

商業労働の場合はどうか。いわゆる伝統的な市場（いちば）での流通の場合は、売り手である自営業者と買い手である消費者は世間話や冗談を交わしながら、基本的には二極関係の中で自由なコミュニケーションを交わしながら売買を行った。それが資本主義的な経営組織に属する店員の場合には、ノルマが課される中で、またしばしば詳細に決められた接客マニュアルに従って労働しなければならない。販売員は、言語やパフォーマンスによって顧客に働きかけ、購入意欲を喚起し、商品購入の意思決定に持ち込む必要があるからである。

このようにコミュニケーション活動が大きな役割を演じる対人的なサービス労働は、本来的には人と人とのふれあいを内容とするものであり、その限りではもっとも人間的な活動である。しかし、この過程が資本循環に包摂されると、その内容に始まり、笑顔の作り方や話し方に至るまで細かくマニュアル化され管理される事態が生じる。この点に関しては、「感情労働」にまつわる労働疎外の発展が注目され、関連して「接客サービス労働」における当事者間の対抗関係（の独自性）に関する議論が提起されている。これまでの議論とも深く関係する問題であるので、これらの点について若干言及しておきたい。

「感情労働」を議論する中心的論者の一人であるホックシールドの主著のタイトルが示すように、「管理される心」「感情の商品化」として、現代社会に生きる人々が、強い感情的抑圧の中で生きなければならない状況が生じてきた。この問題は、端的に言えば、精神的労働・対人型労働が比重を増すにつれて、感情表現までが企業の労働者管理の対象となってきたということである。

このホックシールドのいう「感情労働」の発展をどう認識するかに関連して、経済学の立場からの議論が行われている。その中で、鈴木和雄氏は、「接客サービス」過程の特殊性として、資本・賃労働に顧客を加えた「三極関係」の存在を強調している（鈴木、二〇一二）。こうした関係の発展それ自体は注目すべき事象であるが、その認識に関してはこれまでの考察から以下の観点を踏まえる必要がある。

第一に、サービス・商業労働では、こうした「感情労働」は特殊な職種に限らず普通に見られる現象である。その根拠は、供給側の労働が消費行動と一体化して現れる事情にある。

第二に、「感情労働」と言われている労働においては、コミュニケーション活動の役割が大きい。そこでの自己表現は、一般にあらゆるコミュニケーションがそうであるように、論理的な表現と感情的・感性的な表現の統一であって「感情」に特化した労働ではない。

第三に、「感情労働」は、「知識労働」をはじめとする組織内労働および、顧客を対象とする「接客サービス」のどちらにおいても行われている。したがって、その本質については、「二極関係」と「三極関係」を通底する観点から把握される必要がある。そして、資本主義社会では、いずれの部面においても交換価値原理の支配に伴う軋轢が避けられない。

こうした状況の中で、この種の問題が「感情労働」の問題として特殊に観念されるのは、感情の表出という人間性と人格が直接反映される活動において、意に反した強制関係が常態化するからである。本来、生命活動はいかなる場合でも、認識・反映と表現の両面において感性と理性の統一であり、労働は精神的労働と肉体的労働の統一である。その意味では、労働においては「感情労働」的側面は常に存在している。それでいて「感情」労働がとくに取りざたされるのは、これが象徴するところの人間的自然の中枢部分である自己意識の持ち方という領域まで、市場メカニズムが入り込んでくるという事態があるからである。誰でも人の気持ちに土足で入り込んでいく人間には強い拒否感を持つであろうが、そうすることが自らの死活問題でもある市場は、これを遠慮する心は持ち合わせていない。その実体は、感情にとどまらず、まさに人間性の中核をなす精神・人格そのものへの市場原理の浸透であり、このことこそが「知識社会」における労働疎外のあり方を基本的に象徴していると言える。人間としての本来的な欲求に従ってではなく、賃労働の人格化として、労働を生きるための労働に意識的・直接的に矮小化する関係（労働疎外の第三局面）がそこにある。ついでながら、このことは、一方における資本の人格化としての、それはそれで疎外された人間性を生み出すプロセスでもある。

「知識労働」とサービス労働が支配的となる現代は、一方でグローバル競争にさらされる大競争時代でもある。この点では、労働時間の増加（余暇時間の減少）、また不安定雇用や失業の増加による貧困の拡大という、余暇活動の発展を阻害する要因が蔓延する時代でもある。労働時間の減少に代わってオーバー・ワークが（J・B・ショア、一九九三）、所得の増大に代わって貧困が広がる中で、労働時間の減少と消費手段の豊富化を基盤とした「レジャー文明の時代」は過去のスローガンとなってきた。今日では、「経済拡大は労働時間の増加をもたらして」おり、「家族のライフスタイルが長時間働くことを要求」（ショア、一九九八）するという事態は稀なことではない。ドラッカーによれば、長時間労働志向は、「知識労働者」が自身の資質として内包しているものでもある。

先進国の典型的な労働者である知識労働者は、今後ますますその重要性を増し、ますます長時間働く。肉体労働者のほうが余暇は多い。五時には帰れる。知識労働者はどこでも長時間働く。若手の技師、会計士、医療技師、教師は仕事をもち帰る。知識労働は生産的な労働の常として自らに対する需要を自ら生み出す。その需要はとめどがない。（ドラッカー、一九六八、二七四頁）

市場原理は、本来個人の自由な世界であるべき余暇活動にも浸透する。余暇活動に関わる情報操作や消費手段の商品としての供給を通じて、一見自由な余暇活動が、事実上は市場原理に誘導される側面を強める。消費手段の商品としての怒濤のような供給の結果、消費者がそれを手段として利用する関係から、消費者の行動が手段にコントロールされる顚倒した関係が常態化する（V・パッカード、一九六〇、一九七八）。C・ロジェックは、ショアの議論に依拠しながら、「ポスト・フォーディズム」の時代における消費生活の疎外について次のように述べている。

ショアの研究は、消費文化において疎外の二重の束縛を示唆している。第一に、消費者は消費者文化が触発するすべてに加わろうとして、もっと稼ごうとする際限のない欲求に引きずられ、自由時間欠乏の不満足を経験する。第二に、労働者は、現実と欲求との乖離を永続化する消費者文化の下でそこから基本的に疎外されている。（ロジェック、二〇〇四、五四頁）

別の言い方をすれば、資本主義は労働者の所得を労働力再生産費に押さえ込むが、常に浪費が刺激される今日の時代は、自由時間の欠乏と消費欲求の現実からの乖離という二重の疎外にさいなまされるということである（頭川博、二〇一〇）。

「知識社会」の産物である、ＩＴに関わる精神的財貨が余暇活動において果たす役割にも顕著なものがある。ここでも人工知能の発達は、余暇活動の「生産性」を高めることを通じて、自由時間の拡大を少なくとも可能性としてはさらに拡大する。しかし、反面では、人間が余暇活動のための消費手段を活用するというよりは、消費手段が人間を動かす関係もまた拡大する。例えば、スマホの普及を背景として、人々は「ポケモンＧＯ」の世界に誘導されるような生活を送ったり、スマホ中毒に陥ったりすることにもなる。

かくして、労働過程にとどまらず消費生活もまた疎外に浸食されるとすれば、いまや疎外は労働者の全生活過程・全人格に関わるものとして現れることになる。しかも、人間対人間の関係として労働が発展することは、労働疎外が物象化を媒介することなく、直接的に人間的な諸関係からの疎外として、つまり非常に鮮明な形での人間疎外として現れることを意味する。伝統的な各種共同的関係の解体と個人への分解という事情と相まって、このような事態は、たえず流動化する社会的規範の中でのアイデンティティーの危機として、時には明確な軋轢を伴いつつ、概して漠然とした不安とストレスに囚われた日常生活を余儀なくさせる。これは、自分が自分であって自分でない状態、類的存在としての共同性を確証できない「無縁社会」の出現、簡単に言って人間疎外の全面化を意味している。「居場所」が揺らぐアイデンティティー危機の蔓延と言ってもよい。GDPに対置する形でGNHが問われるように、これほど多数者が「幸福とは何か」に敏感となる時代はない。

なお、とくに今日的な疎外に関わる状況として、人工知能の問題に言及しておきたい。現代社会における精神的財貨の中で、コンピューターに象徴される情報技術は物質的生産における生産力の発展に画期的な変化をもたらしてきた。この延長上に、さらに社会的に大きなインパクトを与えつつあるのが、人工知能と呼ばれる精神的財貨の発展である。これがそれまでの情報技術と段階を画するものであることは、その機能が、従前の情報技術が主として物質的生産における人間労働との代替を主としたものであるのに対し、ビッグデータの処理能力の発展を背景に、精神的労働をも代替可能なレベルの「機械化」として現れてきたからである。

このことが、組織的労働として行われる精神的労働の生産性を著しく引き上げていくことは明らかであろう。それはまた、そのことを介して物質的生産労働の生産性をも現に高めつつあるし、今後さらにそうした傾向を加速していくことになろう。

労働の有用性それ自体の観点から見ると、こうした事態は明らかに社会的進歩に貢献するものであり、社会にとって歓迎すべき事態である。しかし、最大の問題は、これが労働一般の節約による自由時間の拡大としてではなく、賃労働との代替として現れることにある。それは、新しい職種へのスムーズな移動が可能とならない限り、資本主義社会では失業の拡大に直結する。労働それ自体が孕む疎外が深刻であることに加えて、「労働が出来ないという……人間にとってこの上ない不幸と苦痛」(戸坂潤、一九三七)に満ちた時代が忍び寄っている。

第五章 「**物質的生産主義**」**批判**

サービス労働論や国民所得論を覗いて興味深いことは、生産的労働をもっぱら物質的生産労働との関連において認識する議論が、長年の間学会の通説とされてきたことである。便宜上、このように広範に普及してきた考え方を物質的生産主義と呼んでおくことにしよう。非物質的生産、すなわち精神的生産やサービス生産とは何かを一応整理した段階で、この「通説」を批判しておくことが必要であろう。

1 「生産的労働の本源的規定」の呪縛

「経済学の父」と呼ばれるスミスが、主著『諸国民の富』において、有名な生産的労働についての議論を行っている。マルクスもまたその議論を批判的に継承したが、その後もこの概念をめぐって多くの論争（「生産的労働論争」あるいは「サービス（労働）論争」）が行われてきた。その中心的な論点は生産的労働とサービス労働との関係をどう把握するかに置かれている。関連して、J・ハーバマス等の議論を中心として、コミュニケーションに関する議論も盛んであるが、ここでも基本的な認識のレベルで労働との関係が問われる。必然的に、『資本論』における「本源的規定」との関係（この規定をどう認識しているか）が、問われることになる。

一方、「本源的規定」は、とくに経済学を「人間・組織の発展の種々異なった段階における物質的財貨の社会的生産と分配との諸法則」（経済学教科書草案）と考えたスターリンが主導して公刊された『経済学教科書』において描いた解釈を、労働の一般的あるいは普遍的という意味での「本源的規定」であるとする見方が広がった。そして、ここから労働の規定を「本源的規定」対「歴史的規定」の二項対照の関係として把握する見解が「正統派マルクス経済学」と呼ばれる学派の常識的な見方をなしてきた。この点について、金子ハルオ氏は次のように述べている。

とくに第二次大戦後、スターリンが「経済学教科書草案」に「国民所得にかんする新しい章を無条件にいれるべきだ」（「ソ同盟における社会主義の経済的諸問題」国民文庫、五四ページ）と指摘していらい、マルクス経済学の側でも、独自な国民所得理論の確立が重要な課題とされるにいたった。そこで、この課題にこたえるべく、……ソ連邦を中心とした東欧諸国の経済学者の諸論文が発表され、その成果は一九五四年の「経済学教科書」……に集約されていった。ところで、これらのいわゆる正統派マルクス経済学の立場から展開された国民所得理論は、「物質的財貨を生産する労働のみが生産的」とし、その意味での「生産的労働のみが国民所得を生産する」という命題をその理論的基礎としている。（金子、一九六六、一四〇頁）

労働がそもそも、人間にとって必要な使用価値を生産する行為であることからすれば、生産的労働という表現は二重形容である。それにもかかわらず、マルクスが生産的労働という言葉を多用したのは、第一には、もっとも直接的にはスミスが、自身の価値論の構築に際して、価値を生む労働をそれ以外の人間の実践と区別するために、価値形成的かそうでないかという本質論に労働を位置づけ、問題を論じたからであり、第二に、マルクスがスミスの価値論の批判として、自身の剰余価値論を構築していくという経緯があったからである。したがって、「生産的労働」は、価値規定から離れ使用価値的有用性、つまり社会にとって有用な生産という観点で見る場合には、単に「労働」という表現に置き換えることができる。

ところが、「本源的」という表現の無理解と、第二章で述べたような物質的生産と精神的生産との関係に対する無理解とが相まって、端的に言えば、労働の規定を〝「本源的規定」対「歴史的規定」〟という枠組みで把握する、スターリン以来の物質的生産労働偏重の驚くべき誤読が今もなお通説となっている感がある。誤読という程度で済むだけの問題であれば、そのまま放置してもいいのだが、結論だけ先に言えば、これによって精神的労働あるいはサービス労働の認識が事実上極めて一面的で二義的なものになり、したがって、ある歴史的時点で発生した固定観念が、精神的生産とサービス経済化を主要な特徴の一つとする現代社会について、その認識の発展を阻害すると言ってよいほどに問題は深刻な様相を呈しているからである。

すでに、「生産的労働の本源的な規定」とは何かについては、第一章2において、その内容を論じておいた。重複をなるべく避けながら、さらに議論を進めてみよう。

「本源的」(ursprünglich) という形容詞は、「おおもと」や「みなもと」を意味する語である。例えば、『資本論』における「本源的蓄積」は、「資本主義的生産様式の結果ではなくその出発点である蓄積」を意味している。「出発点」であることの意味は、それが、「二重の意味で自由な労働者」の暴力的な創出を通じて、資本賃労働関係を一般的に発生させたことにある。

「本源的蓄積」以外の例を挙げよう。マルクスは「商品流通は貨幣流通の本源的な前提である」(『草稿集』①)という使い方もしている。このことの意味は、商品流通の発展という事態が、貨幣流通を発生させる前提となるということである。同時に、貨幣流通の発生が商品流通を廃止するわけではなく、貨幣流通は商品流通と共に相互補完的に発展する関係にある。「本源的蓄積」の場合もそうであるが、暴力的に創出された資本賃労働関係は、その後の経済外的ではない経済内的な強制関係としての資本賃労働関係の再生産（＝循環）として継承され発展していく。

これらの例から明らかなように、「本源的」であることは、後の循環の段階に比べれば始まりの段階の特殊性や限定性を含むものであるが、本質的な諸関係をすでにその内部に孕んでいることが「本源的」と形容できることの実体的な根拠である。マルクスの言葉を借りるならば、「本質的諸条件は、本源的なものとして現れる関係そのもののなかに措定されている」（同前②）のである。

われわれの「本源的規定」に戻ろう。「使用価値をつくるための合目的的活動」であり、「人間の外の自然に働きかけてそれを変化させ、そうすることによって人間自身の自然（天性）を変化させる」ところの、ポスト「本源的」段階にも通底する労働の本質は、すでにこの「本源的規定」の中に含まれている。さらに、物質的生産労働もまた、出発点であるとともに同時に、「人間の生活を媒介するための永遠の自然必然性」、「人間と自然とのあいだの物質代謝の一般的な条件であり、人間生活の永久的な自然条件」であるものとして、「すべての社会形態から独立した存在条件」として歴史貫通的である。

しかし、そのことは物質的生産労働が、歴史貫通的労働のすべてであることを意味しない。人間・組織を対象とした労働、精神的生産労働もまた歴史貫通的に存在し、発展を遂げてきたからである。原型としての保育労働や教育労働をイメージすればすぐに明らかなように、人間・組織を対象・媒介とした労働がなければ、人間・組織はそもそも全く存在することはできなかったであろう。「本源的規定」に際しては、人間一般と自然との関係という、本源的な関係にだけ対象が限定された規定が行われているのである*。

したがって、労働一般という観点からは、精神的生産やサービス生産を目的とする労働も当然含まれてくることは明らかであり、論理必然的に、非物質的生産労働もまた歴史貫通的な意味での生産的労働に含まれる。しかしながら、既述のように（四六頁）、『資本論』が対象とする労働生産物は、（一部派生的に論及されることがある以外は）当時の現実としても、さしあたり物質的財貨の生産に対象が限定されているのである。

かくして、本書のスタンスからは、労働の本質的規定は、『資本論』の叙述で言えば「特殊な自然素材を特殊な人間欲望に適合させる特殊な合目的的生産活動」転じて「使用価値をつくるための合目的的活動」であり、先の有井氏の表現で言えば、「対自的な合目的的関係運動」ということになる。労働の「出発点」としての「本源的規定」は、その結果として登場する「循環的規定」とは明確に区別されなければならず、前者を後者に置き換えてはならない。その活動・運動の対象は、「本源的」には自然、循環的には自然と人間・組織で構成される社会であり、既述のように、自然を対象とする労働は物質的生産物(materiell Produkt = Nutzeffekt を伴った Ding としての Gebrauchswert)を、人間・組織を直接の対象とする労働(対人型労働)は有用効果(immateriell Produktion = Ding を伴わない Nutzeffekt としての Gebrauchswert)を生み出す(念のために言えば、これらの中間に Produkt の形態をとった Produktion としての精神的財貨が存在した)。そして、対人的な物理的サービス労働を除けば、これらに生産的消費と個人的消費、物質的消費と精神的消費が対応する、これが生産と消費の一般的・包括的な関係である(前掲図2-1)。繰り返しておこう。人間は「本源的」には自然から生まれるが、その後は、自然とともに人間・組織(社会)を介して再生産されるのである。

ところが、この規定に関する誤読が、驚くべき広がりを見せる。そこでは、「生産的労働の本源的な規定」に記さ

＊　ところで、マルクスは、「本源的規定」に関する叙述の後の部分で、規定から除外した内容について次のように述べている。それだから、われわれは労働者を他の労働者との関係のなかで示す必要はなかったのである。一方の側にある人間とその労働、他方の側にある自然とその素材、それだけで十分だったのである。小麦を味わってみても、だれがそれをつくったのかはわからないが、同様に、この過程を見ても、どんな条件のもとでそれが行なわれるのかはわからない。(『資本論』①、二四一頁)
ここで言及されている労働者と「他の労働者との関係」とは、「どんな条件のもとでそれが行なわれるのか」という「特定の社会的形態」のこと、すなわち生産をめぐる支配関係(生産諸関係)のことを指している。

れている一部の叙述が、生産的労働の普遍的で一般的な規定そのものに置き換えられてきたのである。それは、物質的財貨の生産あるいは物質的生産に関わる労働が生産的労働であって、それ以外は不生産的労働であるとする理解である。例えば、金子氏は次のように述べている。

生産的労働の「本源的規定」とは、物質的財貨を生産する労働が生産的という規定である。（金子、前掲書、一二八頁）

それでは、人間の生命活動一般という歴史貫通的なレベルにおいて「生産的」であることの意味を、どのように考えるべきだろうか。「本源的規定」の内容を踏まえた上で、「本源的規定」を既述の「循環的規定」として捉え返すとするならば――労働が生み出す生産物の規定をあえて加えるならば――、人間の自由な生命活動、自由な人間的発達を支えるための（その意味で有用な）使用価値をつくる合目的的活動というのがその答えになるだろう。しかし、実は、労働が作り出す使用価値とは、本来そのようなものとしての有用性を持つ使用価値である限りでは、これはあえて言う必要のない一種の二重形容であるとも言える。

ということを踏まえて、生産的労働とは、本質的には、使用価値原理に基づく労働であるとしておこう。資本主義社会における生産的労働は、これに対して交換価値原理に基づく労働ということができる。人間の実践のうち、使用価値原理で現れる合目的的関係運動としての生命活動こそが労働であり、歴史貫通的な意味での生産的労働とはそれ以上でも以下でもない。

しかし、「（一）物質的財貨を生産する労働＝本源的な意味での生産的労働と、（二）サービスを含む・物質的財貨を生産しない労働＝本源的な意味での不生産的労働」とのスタンスに立つ金子氏は、生産的労働を使用価値的有用性と関連づけることに批判的である。

生産的労働と不生産的労働との区別は、しばしば誤解されているように、その労働が、ある社会にとって、いわゆる「有用」であるか「無用」であるかという区別とはかかわりがないことはあきらかであろう。もともと社会にとって「有用」または「無用」という区別については、厳密に客観的な基準がなく、けっきょく主観的基準からなされるものでしかない。（金子、同前書、七三頁）

一般に、労働の有用性に関する評価は、その生産物である使用価値の評価を通じて社会的になされる。しかし、使用価値の有用性に関して、「厳密に客観的な基準」は存在するだろうか。例えば、食品の使用価値は食べることができるという点にあるが、そこでの「客観的な基準」とは何か。日常的に考えると、ある人にとっては好物であるものが、他の人にとっては見るのも嫌ということは普通にある。「社会」というレベルで言えば、例えば鯨は日本人にとっては食品であるが、多くの外国人にとってはそうではない。ゆえに、何がどのような意味での使用価値かは、個人はもとより地域によっても異なる社会的欲求として存在するものであり、かつ日々刻々と歴史的に変化・発展している。その意味で、有用性の有無を、「厳密に」使用価値の形態において区別する「客観的な基準」も普遍的に妥当する「主観的な基準」も存在しない。社会的有用性を規定する唯一の基準は、生命再生産活動、すなわち生産と消費の循環を担う社会的実践である。こうした意味での使用価値を生産する労働が、歴史貫通的な意味での生産的労働に他ならない。

したがって、歴史貫通的な不生産労働とは、「精神的にも物質的にもなにも生産」しないという意味で、社会的に見て「空費に属する」労働だけである。

兵士が生産上の空費に属するのは、不生産的労働者の大部分と同じである。彼らは、みずからは精神的にも物質的にもなにも生産せず、ただ社会的諸関係に欠陥があることのゆえにのみ有用であり必要であるにすぎない、——彼らの存在は社会の害悪のせいである。（『草稿集』⑤、四四六頁）

一方、家事労働に関して指摘したように、これと重なりながらも相対的に区別される問題として、社会的な実践活動において何が労働として観念されるかは、資本主義社会においては市場経済の浸透、とりわけ基本的には賃労働の発展の広がりに規定される。非物質的生産労働も、今日では疑いもなくその基幹部分が生産的労働であると同時に資本主義的労働として存在し、日々変化・発展している。歴史貫通的な意味での生産的労働かどうかを決める基準は社会的な有用性をおいて他はなく、それを決めるのは、使用価値の形態ではなく、何を有用な使用価値とするのかという人間の社会的実践である。

ちなみに、角田氏の次の指摘は、生産的労働を物質的財貨の生産とみる立場からは許容不可能であろう。

労働をつうじて人間はその「本性」をも変化させるという点をも考慮にいれるならば、そして、たんに「物質的生産」ではなく「物質的生活の生産」という点からみれば、一般に物質的財貨の生産はもちろん人間形成労働もまた「生産」的労働である。この場合の「不生産的労働」とは、軍需品の生産や軍隊の軍事行動のような生命破壊的なものを指すことになるであろう。したがって、物質的生産を基礎とする生命再生産を問題にするわれわれの立場からすれば、家事労働やサービス労働も生産的労働なのである。（角田、一九九二、一〇〇頁）

なお、本書ではたまたまこうしたスタンスに立つ代表的研究者として金子氏の議論を取り上げたが、生産的労働を物質的財貨の生産に限定しない立場の研究者も含めて、「本源的規定」をもって、生産的労働の歴史貫通的な一般的規定とみる理解は、明示的・暗示的を問わず、多くの「マルクス主義」の立場に立つ研究者において常識となってきた感がある。これまで述べてきた本書の理解が正しいとすれば、そうした「通説」は、たとえて言えば、「人間は動物である」という事実から「動物は人間である」ことを導くのと同様の論理の飛躍であることになる。「本源的」な論点でのボタンの掛け違いがあるとすれば、二番目以降のボタンにおいて問題を修復することは、困難である。そこで、できるだけこの一点に焦点を当てて諸説の認識を抽出しつつ、サービス労働論争混迷の「本源的」原因を究明していくことにしよう。

2 「サービス労働論争」と「本源的規定」

サービス労働をめぐる論争の中心的論点は、資本主義社会においてサービス労働が生産的労働、言い換えれば価値形成的であるかどうかという点にあった。ここでは、理論的スタンスを、大きく三点において把握する。すなわち、①「通説」の上に立って、サービス労働を価値を形成しない不生産的労働とする見解、②同じく「通説」の上に立ちながらも、サービス労働を価値を形成する生産的労働とする正反対の結論に導く見解、③「通説」を批判しつつ、サービス労働を価値を形成する生産的労働とする見解、三つである。煩雑さを避けるために、代表的論者のみを対象とすることとし、順に、金子ハルオ、赤堀邦雄、飯盛信男の三氏の議論を取り上げる。

①「通説」の上に立って、サービス労働を価値を形成しない不生産的労働とする見解

「マルクス経済学は物質的財貨を生産する労働のみが生産的」と考える金子氏は、その論拠を次のように述べている。

マルクスは、『資本論』第一部第一章において、流動状態にある生きた労働ではなくて、物質的財貨である商品に対象化した（または凝固した、結晶した）労働を価値と規定し、価値は必らず物質的財貨＝使用価値をその質料的担い手としているものと把握したのである。それゆえ、資本主義社会の総労働のうち、物質的財貨である商品を生産する労働が価値を生むのであり、サービスを含む物質的財貨を生産しない労働は価値を生まないのである。（金子、一九九八、一一一頁）

すでに再三述べてきているように、マルクスはこのように把握していない。仮にマルクスが言っているかいないかにかかわらず、こうした見方では、総体としてみたマルクス労働論体系との論理的な整合性が取れないであろう。こうした発想の誤りは、労働の「本源的規定」を一般的な規定に取り違え、歴史貫通的な労働を「本源的」労働としての物質的生産労働に限定する無理な前提がほとんどすべてである。

スターリンの絶大な影響という時代的背景はあるとしても、物質的生産労働が精神的生産労働、あるいはサービス労働にはない生産的意味を有するという点の、理論的根拠が必要である。この点を金子氏は次のような「史的唯物論」の理解を根拠として説明している。

物質的財貨の生産こそは、人間・組織の存在と発展の根本条件なのであり、したがって、労働とは、本源的には、人間と自然との質料変換の過程であり、物質的財貨を生産する労働である。しかしまた。物質的財貨の生産を基礎としながら、人間・組織が発展し、人間の労働の能力と範囲が拡大していくなかで、人間は、人間のなんらかの欲望をみたす人間の目的意識的な活動という意味での労働を、物質的財貨を生産する以外の分野でも行なうようになり、社会の総労働は、（一）物質的財貨を生産する労働＝本源的な意味での生産的労働と、（二）サービスを含む・物質的財貨を生産しない労働＝本源的な意味での不生産的労働との二つの種類に分かれる。けれども、そのことは，前者が人間・組織の存在と発展の根本条件であることをけっして変えるものではなく、根本的にはあくまで前者が基礎になって後者が維持されるのである。すなわち、前者の成果である社会の総生産物＝総物質的財貨の消費によってはじめて、すべての生産が行なわれ（生産的消費）、またいっさいの不生産的労働者をふくむ社会の全成員の生活が維持される（個人的消費）のである。もっとも前者と後者とは相互に作用を及ぼしあい、後者はまた前者に影響を与えるのであるが、前者が後者を維持するということが第一義的＝根本なのである。

（金子、同右書、一〇頁。傍点—引用者）

つまり、端的に言えば、精神に対する物質の本源性という「史的唯物論」の命題のアナロジーとして、物質的生産主義が根拠づけられているように見える。しかし、労働における物質と精神との関係は、対自然（物質）労働と対人間（社会）労働のいずれの場合でも、物理的・物質的労働としての肉体的労働と精神的労働の一体性・統一にある。ここでは、労働は、対人間（社会）労働を媒介した対自然労働としてのみ存在できるのであり、いずれの契機を欠いても類的存在としての人間的生命活動の維持・循環は不可能である。これこそが、実践的唯物論としての唯物論の基本命題と考えるべきであろう。

② 「通説」の上に立ちながらも、サービス労働を価値を形成する生産的労働とする正反対の結論に導く見解

一方、サービス労働も価値を生むという対極的な見解を主張した論者の一人として、赤堀氏の場合を取り上げてみよう。その著書『価値論と生産的労働』において、「本源的規定」について次のように論じられている。

生産的労働の本源的規定とは、物を生産する労働が生産的労働であるという、人間労働の「素材的」・実質的な規定であって、生産的労働についての資本主義的社会形態規定とは、まったく別の観点からの別種の規定である。しかるに、現代の大部分のマルクス経済学者は、生産物の自然的性質からの規定と、社会的生産関係上の労働の規定とを、重ね合わせなくてはならないと考え、その結果、第一には商品の価値は必ず労働が物的商品に対象化されなければ形成されえないとし、第二には資本主義的搾取的生産関係における労働についても、剰余価値が生産されるためには、物的商品生産であることが前提的必要条件であるとするのである。(赤堀、一九七一、一九頁)

見られるように、赤堀氏にあっては、「本源的規定」を、「生産的労働についての資本主義的社会形態規定とは、まったく別の観点からの別種の規定」と把握する。なぜこのようになるかと言えば、物質的生産を生産的労働とした「本源的規定」を労働に関する一般的な規定と理解する「通説」の立場を前提にすると、サービス労働は不生産的労働となってしまう。そこで持ち出されたのが、本源的レベルでの不生産的性格と「社会形態」レベルでの生産的性格とを分離するという方法である。サービス労働を生産的労働とする結論があって、これを「通説」的理解との整合性を保つ一つの明確な論法は、このように歴史的規定を「まったく別の観点からの別種の規定」として「本源的規定」から切り離してしまうことであり、赤堀氏はそのように議論を展開したわけである。

しかしながら、「社会形態規定」という論法であれ、特殊を一般から、歴史を普遍から切り離すことは、現代人を論ずるのにこれを人間一般から切り離すのと同じことになる。本書の立場は、資本主義社会における労働を、労働一般としての使用価値原理に基づく労働と資本主義的な交換価値原理に基づく労働の対立と統一として、矛盾論として把握しようとするものであるが、このような観点は赤堀氏の議論からは論理的に出てこないことになろう。

③「通説」を批判しつつ、サービス労働を価値を形成する生産的労働とする見解

最後に、飯盛氏の議論を取り上げよう。飯盛氏もまた、赤堀氏と同様にサービス労働は生産的労働であるとする。ただし、赤堀氏が素材的規定とは別次元の「社会的形態規定」のレベルでサービス労働の生産的性格を論じたのに対し、飯盛氏の場合は、「本源的規定」の対象的限定性を示した上で、サービス労働を労働一般の中に包摂しようとした。いわゆる本源的規定との整合性を、飯盛氏は次のように根拠づけようとする。

この規定（いわゆる本源的規定―引用者）は孤立的な過程としての労働過程、歴史的には小生産者たる農民・手工業者の労働過程（小経営）に妥当するものであろう。……生産力の発展は、まず労働過程が結合された社会的労働過程（協働）となることによって、その大きな可能性が開かれる、のである。結合された労働過程においては、生産的労働者（本源的規定での）の内容は拡大される。（飯盛、一九七七、一五頁）

つまり、本源的規定は、小生産者段階の「孤立的な過程としての労働過程」について述べたものである。したがって、生産力が発展するに伴い、社会的労働過程が登場することによって、「生産的労働者（本源的規定での）の内容は拡大される」という見解が示される。こうした立場から、本源的規定と歴史的規定の統一関係の理解が、従来の議論では「形式論理主義的に追求されている」と批判する。

要するに、「本源的規定」の歴史的段階には物質的生産が対応するのに対し、生産力の発展に伴って社会的労働過程が登場すると、有用効果を生産するサービス労働も生産的労働に包摂されるという理解である。「本源的規定」と歴史的規定とを原理的に切り離そうとした赤堀氏とは異なり、飯盛氏の場合は、歴史的・生産力的観点から両者の接合を意図した。そのためには物質的生産に特化した「本源的規定」の意義（対象の限定の意味）を相対化しなければ

ならず、それが「孤立」的な小生産者段階の解釈を帰結した。「物質的生産の第一義的役割」を前提に、サービス労働の「第一義的」地位への昇格を根拠づけようとする試みと言える。しかし、既述のように、「本源的規定」の限定性は、生産力段階視点の導入ではなく、労働の「循環的規定」との関係においてなされなければならない。

3　精神的労働論におけるスミス的理解への回帰

以上、論争の三つのスタイルを代表的な三人の論客についてその内容を検討してきた。立場や結論がそれぞれ異なるとはいえ共通して言えることは、サービス労働以前に「本源的規定」の理解そのものにおいて誤解・誤読があり、そのボタンの掛け違いの上に、サービス労働に関する生産的労働説と不生産的労働説という、正反対の主張が模索されてきたということである。この中では唯一、飯盛氏のみが「本源的規定」を相対化しようとし、そのことを通じて「本源的規定」として示されたマルクスの労働過程論とサービス労働との内的な関係を整合的に理論化しようと試みた。しかし、労働の「循環的規定」には到達できなかったということになる。

前節で述べたように、生産的労働について本書は「使用価値原理に基づく合目的的関係運動」と規定した。そして、これまでの議論から明らかなように、ここでいう使用価値には、物質的生産労働に加えて、いわゆる有用効果（immateriell Produktion ＝ Ding を伴わない Nutzeffekt としての Gebrauchswert）を生産する労働、そして、これを含む人間・組織を対象とする労働の全体が含まれる。これは、生産的労働に関する歴史貫通的な規定である。前節で明らかにしたように、「通説」的理解は、この段階で非物質的生産を生産的労働から除外しているわけである。

精神的生産の発展は、物質的生産の発展段階に対応しており、両者は密接な関連性を持っている。生産的労働の考察に際して、精神的生産を除外するスミスを批判して、マルクスは次のように述べている。

生産的労働と不生産的労働とを区別することは、スミスが考察しているものにとっては、すなわち物質的富の生産、しかもこの生産のある一定の形態である資本主義的生産様式にとっては、決定的な重要性をもっている。精神的生産においては、他の種類の労働が生産的であるように見える。だがスミスは、それを考察していない。最後に、この二つの生産の相互作用と内的関連も同様に彼の考察範囲にははいっていない。（『草稿集』⑤、四四〇頁）

したがって、物質的生産・精神的生産を問わず、社会的に有用な労働は歴史貫通的に生産的である。ゆえに、資本主義社会においては、価値形成的でもあれば、そうでないこともある。もっとも、その価値的評価は、科学労働の場合がそうであるように、しばしば不当に低いものではあるが。

精神的労働の産物——科学——は、つねにその価値よりもはるかに低く評価されている。というのは、それを再生産するのに必要な労働時間が、それの最初の生産に必要な労働時間にまったく比例しないからである。たとえば、二項定理を生徒は一時間で学ぶことができる。（『草稿集』⑨、三五三頁）

あるいは、対人型の精神的サービス労働もまた、資本循環に包摂される場合に生産的労働となることは、次の叙述からだけでも明らかである。

たとえば教育施設の場合、教師は教育施設企業家のための単なる賃労働者でありうるし、また、この種の教育工場がイギリスには多く存在する。こうした教師は、生徒にたいしては、生産的労働者ではないけれども、自分の企業家にたいしては生産的労働者である。企業家は自分の資本と教師の労働能力とを交換し、この過程を通してふところを肥やす。劇場や娯楽施設などの企業の場合にも同じである。この場合、俳優は、公衆にたいしては芸術家としてふるまうが、自分の企業家にたいしては生産的労働者である。（『草稿集』⑨、四四三頁）

この記述に続けてマルクスは言う。この種の生産は、「生産全体とくらべれば、とるに足りないものであるから、まったく考慮外におく」と。「考慮外におく」ことは、生産的労働の規定を排除するものではない。これに対して、資本主義社会では「交換価値原理に基づく合目的的関係運動」としての労働が支配的形態となる。この場合には、そして、結論を端的に言えば、交換価値原理の下での労働とは剰余価値を生む労働である。これが、いわゆる「歴史的規定」と呼ばれるものである。

資本主義社会という特殊歴史的な社会環境における生産的労働について、スミスは、次のように述べた。

労働には、それが加えられる対象の価値を増加させる部類のものと、このような結果を全然生まない別の部類のものとがある。前者は、価値を生産するのであるから、これを生産的労働と呼び、後者はこれを不生産的労働と呼んでさしつかえない。（『諸国民の富』②、三三七頁）

マルクスは、この価値を剰余価値に置き換えることによって、スミスの労働価値説の立場を批判的に継承した。スミスが、対人型（精神的）労働を生産的労働から排除したことを批判しつつ、マルクスは、物質的生産と非物質的生産の両方が生産的労働の存在形態となることを次のように明確に述べている。

……次のことは依然として正しい。すなわち商品は過去の対象化された労働として現れるということ、したがって、商品が物の形態で現れない場合には、それは労働能力そのものの形態でのみ現れうるということ。といっても、けっして直接に生きている労働そのものとしてではなく、回り道をして、である。……したがって、生産的労働とは、商品を生産するような労働、または、労働能力そのものを直接に生産し、形成し、発展させ、維持し、再生産するような労働であろう。Ａ・スミスは、後者を彼の生産的労働の項目から除外する。恣意的に、しかし、もし彼がそれを含めていたならば、彼は生産的労働についてのまちがった主張に門戸を開くことになろう、というある種の正しい本能をもって。

したがって、労働能力そのものを捨象するかぎり、生産的労働は、商品、すなわちその生産に一定量の労働または労働時間を費やした物質的生産物、を生産するような労働であることになる。こうした物質的生産物のなかには、物の形をもって現れるかぎりでの芸術や科学のすべての生産物、書物、絵画、彫像などが含まれている。（『草稿集』⑤、一九九・二〇〇頁）

マルクスにとっては、剰余価値を創造するところの、資本循環の中に包摂されて機能する賃労働こそが資本主義社会における生産的労働である。例えば次のような叙述である。

生産的労働とは、資本としての貨幣と直接に交換される労働、またはこれを要約した表現にほかならないが、直接に資本と交換される労働、すなわち、即自的に資本であって資本として機能するべき使命をもち資本として労働能力に相対する貨幣と交換される労働であると言うことができる。直接に資本と交換される労働という表現には、労働が資本としての貨幣と交換されてこれを現実に資本に転化させるということが含まれている。（同前⑨、四二五頁）

同じ主旨の記述は非常に多いが、サービス労働の例を今ひとつ挙げておこう。

自分だけの力で自分の歌を売る女性歌手は不生産的労働者である。ところが同じ歌手でも、金を儲けるために彼女を歌わせる企業家に雇われる場合には、生産的労働者である。なぜなら、彼女は資本を生産するからである。(同前⑨、四三一頁)

したがって、副次的には以下の諸点が留意されるべきである。

第一に、生産的であるかどうかは、使用価値およびそれを作り出す具体的有用労働の相違には全く関わりがないものであり、「同じ種類の労働が、生産的でもありうるし、不生産的でもありうる」。

これまで述べてきたところから明らかなように、生産的労働であるということは、さしあたり労働の特定の内容、労働の特殊な有用性、または労働がそこで自分を表わす特有な使用価値とは絶対になんの関係もない労働の規定である。(同前⑨、四三〇頁)

第二に、単なる商品生産労働は、剰余価値を生産しないという点では生産的労働ではなく、商品価値を生産する点では不生産的労働でもない。

労働者を使用しない、したがって資本家として生産するのではない自営手工業者たちまたは自営農民たちについては、事情はどうか?……彼らは商品の売り手として私と相対するのであり、労働の売り手として私と相対するのではない。したがってこの関係は、資本と労働との交換とは無関係であり、したがってまた生産的労働と不生産的労働との区別とも無関係である。この区別は、ただ、労働が貨幣としての貨幣と交換されるのか、それとも資本としての貨幣と交換されるのか、ということにもとづくだけである。それゆえ彼らは、商品の生産者であるとはいえ、生産的労働者のカテゴリーにも、不生産的労働者のカテゴリーにも属しない。（同前⑨、四三九頁）

以上要するに、商品が資本として自己運動する資本主義社会においては、価値形成との関わりを基準として、①賃労働者として剰余価値形成に関わる生産的労働、②資本循環に包摂されず価値形成に関わる労働、③商品生産を目的としない不生産的労働の三つの形態が存在していることになる。マルクスがこのような類型化を行うのは、価値と剰余価値とを区別できず、したがって資本主義社会の本質的な社会的規定を価値論に反映できないスミスの議論に対する批判を意味した。

こうした内容を含んだ上で改めて言えば、資本主義社会における労働（賃労働）は、基本的には使用価値原理に基づく労働と交換価値原理に基づく労働との対立と統一として存在しているということである。この点は、前節で述べた「疎外された労働」の四つの局面を貫く、資本主義的労働が孕む基本矛盾である。

以上から明らかなように、「サービス労働は生産的かどうか」という問題提起は、提起の仕方自体が誤りである。物質的生産労働であれ、精神的労働あるいはサービス労働であれ、その労働が資本主義社会において生産的かどうかは、価値形成の観点をおいて判断する他はない。価値増殖、すなわち資本の自己増殖に寄与する労働のみが生産的である。その意味では、サービス労働も含めたあらゆる労働が、生産的であることもあれば不生産的であることもある、ということである。

4 「コミュニケーション的行為」論の混迷

コミュニケーション活動が極めて重要な人間的・社会的行為であることは、経験的に言ってほとんど自明である。したがって、コミュニケーション活動をどうみるかという議論もまた盛んである。そして、その多くは労働との関わりを問題としている。しかし、その労働に関わる前提的認識が、もし、やはり「本源的規定」にまつわる「通説」にあるとすれば、それらの議論の多くはその土台から再検討することが必要になる。以下、代表的なコミュニケーション論者として尾関周二氏の議論を取り上げておこう。

よく知られているように、コミュニケーション論に関しては、ハーバマスが展開したコミュニケーション論がある。ハーバマスは、その著書『コミュニケーション的行為の理論*』の中で、「コミュニケーション的行為」のタイプとして「目的論的行為モデル」、「規範的行為モデル」、「演劇的行為モデル」、「コミュニケーション的行為モデル」の四類型を取り上げ、その特徴を論じている。そして、以下のように、「コミュニケーション的行為モデル」こそが、「あらゆる言語機能をひとしく考慮に入れ」た包括性を持っているとする。

(最初の―引用者) 三つのばあい、それぞれ言語の一つの機能だけが主題となっていて、それぞれ発話媒介的効果の創出、相互人格的関係の創出、および体験の表示が主題となっている。これに反しコミュニケーション的行為のモデルは、……あらゆる言語機能をひとしく考慮に入れる。(ハーバマス、一九八一、上一四四頁)

このハーバマスの「コミュニケーション的行為」論について、尾関氏は、一面でその意義を認めつつも、労働とコミュニケーションとの関係の見方に弱点があり、労働との関係を断絶した「二元論」になっていると批判している。

ハーバマスは、貨幣や権力を媒体とする経済・政治〈システム〉が〈生活世界〉から自立し、逆にそれを従属させていく、こういった「システムによって誘発された物象化」がもたらす現代の傾向を、「生活世界の内的植民地化」と呼んでいるのである。これは別のいい方をすれば、目的合理性にもとづく行為領域がコミュニケーション的合理性にもとづく行為領域に侵入し、空洞化する事態に等しいとされる。こうして言語的コミュニケーションにもとづく生活世界が、目的合理性にもとづく管理と操作の対象とされることが、現代社会の重要な根本的問題とされるのである。(尾関、一九八九、一五二頁)

すなわち、その意味は、労働が「システム」(貨幣や権力を媒体とする経済・政治〈システム〉)の領域に存在するものであるのに対し、「コミュニケーション的行為」は、こうした「システム」とは別の「生活世界」「言語的生活圏」を構成するものとして二元化=分断されていること、とみるところにある。

こうした観点に立って尾関氏が向かった方向は、一面では、労働との関係性を前提としつつ、他面では「コミュニケーション的行為」の相対的な独自性を主張するところにあった。

まずは、議論の前提となる「本源的労働」についての、尾関氏の理解を確認するところから始めよう。次の引用が物語るように、尾関氏もまた「本来の労働」=「本源的労働」と見た上で、これを物質的生産労働とする前提からすべての議論を組み立てている。尾関氏が「通説」と異なるのは、それ以外の活動は本来的には労働でないにもかかわら

＊ 邦訳版では、communication は「コミュニケイション」と表記されているが、ここでは「コミュニケーション」に統一して表記する。

ず、労働と観念されるようになった（その意味では意識上の産物）という認識を示していることである。

> 商品経済活動（またそれの総体としての「市民社会」）を根底から支えるのは、本源的な意味での〈労働〉、すなわち物質的生産労働であったがゆえに、そういった非労働的活動もまた「労働」とよばれるのが不自然ではなくなったと思われる。（尾関、一九八三、一六六頁）

尾関氏の言う「非労働的活動」とは、「本源的な意味での労働活動以外の人間活動、たとえば、教育活動、医療活動、科学研究活動等々」を指す。

> こういった本源的な意味での〈労働〉概念からまず区別される〈労働〉概念は、経済的な意味での〈労働〉概念であろう。本源的な意味での労働活動以外の人間活動、たとえば、教育活動、医療活動、科学研究活動等々について、それぞれ「教育労働」「医療労働」「科学労働」等々とよぶ多くの場合、この意味において正当であろう。この場合の〈労働〉は、まさに近代以降、商品交換の全面化、市場経済の確立にともなって、本源的な労働以外の、人間のさまざまな活動が経済的・社会的分業の一環にくみ入れられることによって、そうよばれるようになったということである。（尾関、同前書、一六四頁）

前章で検討したサービス労働をめぐる生産的労働論争においては、確かに生産的労働を物質的生産労働と考える「通説」の存在が認められたが、サービス労働は――生産的か不生産的かは別として――労働であるという共通理解があった。尾関氏の場合は、物質的生産労働以外の諸活動は、「経済的」には「労働」（「経済的労働」）と呼ばれる実態があるが、それは本来的には労働ではないという認識に立って、その実体こそが「コミュニケーション的行為」の世界であるとする論理構成を採っているのである。

関連して、非常に興味深いことには、同じく「通説」の立場に立ちつつ、「コミュニケーション的行為」をコミュニケーション労働と把握しようとした稲葉三千男氏の場合は、「コミュニケーション労働一般が物質的生産をする」として、尾関氏とは真逆の主張を展開する。例えば、次のごとくである。

> 歌手や教師らはその発声器官の運動で空気層を変形・加工する。パントマイムの俳優は、自分の肉体という物質を変形・加工する。舞台俳優は一般に、その両方をする。（稲葉、一九九二、二六八頁）

尾関氏から見ると、こうした主張は「通説的にはなかなか理解できない」ことであり、「まったく説得力のないもの」と映る。「歌手や教師が歌ったり、話したりして『空気層を変形・加工する』からと言って、物質的生産を行なっているというのは、まったくの強弁にすぎない」と一蹴することになる。尾関氏の場合には、仮に人間が対象となる活動において、それが物質的生産となるのは、次のように人間を客体として取り扱う場合である。ちなみに、これは本書で言うところの、物理的サービス労働にあたる。

> 労働においても人間が人間の働きかけの対象になる場合があるではないか、その限り、労働も人間と人間との関係であると。確かにそのとおりであろう。しかしその場合、つまり「人間による人間の加工」としての労働においては、対象になる「人間」とは自然力としての人間的自然（精神的諸素質も含めて）であり、こういってよければ「客体」としての人間であろう。これに対し、コミュニケーションにおいて行為の対象となる人間は、まさ

に「主体」（人格）としての人間である。だから、労働はその本質において主体と客体との関係であり、コミュニケーションは主体と主体との関係であるというふうにもいえよう。（尾関、一九八九、四八頁）

つまり、同じ人間であっても、相手に自然力そのものとして、客体とし相対する場合と主体として接する場合があり、前者が労働、後者がコミュニケーションであるという認識である。

しかしながら、既述のように、文字通り物理的に見れば、稲葉氏の説明は必ずしも間違いとは言えない。稲葉氏の議論の難点は、これもすでに指摘したように、この過程の独自性、すなわち、労働過程という観点から見れば、物質的なProduktではなく有用効果のみが現れる非物質的なProduktionである点、またこれに続く消費過程との一体性という事情を看過したことにある。この点は、マルクスは、シュトルヒを巡る議論の中で「精神的生産物の生産またはサーヴィスの生産は物質的生産だ」とする「スミスの反対者」たちの議論を批判しているが（『草稿集』③）、稲葉氏の議論も同じ誤りに陥っている。

そして、そのことはまったく尾関氏の場合にも当てはまる。違いは、Produktionを「コミュニケーション的行為」と捉え、生産的労働の範疇から「コミュニケーション的行為」を排除してしまったことである。労働とは区別される「コミュニケーション的行為」の意義を強調しようとする尾関氏のスタンスから言えば、逆に「コミュニケーション的行為」の範疇から労働を排除したという方が正確かも知れないが。

結局のところ、尾関氏をしてこのような論理構成を採らせたのは、「本源的規定」に関する「通説」を前提としたことに帰着する。つまり、本来的な労働範疇から精神的労働やサービス労働が排除されてしまうのである。サービス労働論においてもそうであったが、「本源的規定」を一般的規定と同一視し、生産的労働を物質的生産労働に収斂させる「通説」的理解が、いかに後の議論を混乱させてきたかがここでも明らかとなろう。

ちなみに、こうした論理的枠組みにおいて「コミュニケーション的行為」を労働から差別化し、労働とは異なる「コミュニケーション的行為」の独自的意義を主張しようとする以上、「コミュニケーション的行為」を、それ自体の内在的な欲求から説明することが必要となる。「言語的コミュニケーション活動のもつ、労働としての活動とは異なる独自な本質的意義」という論点の定立である。かくして、『動物のうちでも最も集団的な動物である人間』に、いわばコミュニケーションそのものの『欲求』というべきものを認める」方向に議論が展開される。

尾関氏は、ハーバマスを批判して次のように述べる。

私が、マルクスと比較してハーバマスが見落としていると思うのは、言語的コミュニケーションの根底には、人間の社会性欲求、共同化への欲求があるという点である。つまり、そもそもなぜに人間は、言語的コミュニケーションによる了解を求め、合意形成へと向かうかということである。（尾関、前掲書、一二三頁）

この「社会性欲求、共同化への欲求」こそが、内在的な駆動力として尾関氏の「コミュニケーション的行為」論の骨格をなす。ここから、コミュニケーション的行為は、単なる「伝達」ではなく「社会性欲求」を実践に移した「交わり」であるとする主張が展開される。例えば、次の一連の叙述である。

このことはエンゲルスのつぎの言葉と合致するように思われる。「〝万人の万人にたいする戦い〟が人類発展の第一段階だったというご意見には、私は同意できません。私の見解では、社会性衝動（Gesellshaftstrieb）こそ、猿から人間への発展の最も重要な槓杆のひとつだったのです」。こういった「社会性衝動」（共同性欲求）にもとづく「コミュニケーション」が、「伝達」的側面のみならず「交わり」的側面をも含むと考えることは妥当であろう。

（尾関、前掲書、三八頁）

私は言語活動一般が、あるいはまたコミュニケーション一般が「実践」であるといっているわけではないことである。なぜなら、たとえば、いわゆる「内言」のレベルでの言語活動を「実践」と呼ぶことはとうていできないし、またたんに「信号伝達」としてのみみられたコミュニケーションが「実践」とは呼びがたいのは当然だからである。まさに言語的コミュニケーション（「伝達」的側面と「交わり」的側面をあわせもつ「社会的行為」としての）が「実践」であるといっているのである。（尾関、前掲書、四三頁）

人間が「社会性衝動」を有する動物であることは、人間が類的存在であることと同義である。「労働の対象は、人間の類的生活の対象化〔されたもの〕である」（『経哲手稿』）ことからすれば、人間・組織との「交わり」、すなわち主体と主体との関係運動を労働とみるかどうかは、労働の定義に依存する。労働を、自然と共に人間・組織への働きかけとして現れる「対自的な合目的的関係運動」と理解するならば、この場合の「交わり」は労働そのものとなる。しかし、対象が自然に限定されるならば、「交わり」は労働とは別種の行為として説明されなければならない。ここでも結局のところ、生産的労働の「本源的規定」に関する「通説」か、労働の一般的規定のどちらに依拠するかによって、事態は一八〇度顚倒した姿で現象することになる。

この「伝達」に対する「交わり」の強調は、尾関氏によれば、次のように「従来のマルクス主義のコミュニケーション観」への「反省」、すなわち批判を意味している。

われわれはコミュニケーション活動を、「伝達」的側面と「交わり」的側面をあわせもつ「社会的行為」としてとらえる視角を打ち出してきたが、そのことは、人間と自然との物質代謝（質料転換）を「自分自身の行為によって媒介し、規制し、制御する」労働とのかかわりを問題にすることへとつながっていく。それはわれわれ自身のコミュニケーション観を深めるうえで欠くことができないであろう。それはまた、従来のマルクス主義のコミュニケーション観が、トータルな見地であるべきなのに、どちらかといえば、「手段的コミュニケーション」の傾向を帯びすぎてはいないかという反省をも含むことになるのである。（尾関、同上書、三三頁）

ここで、尾関氏のいうところの「マルクス主義」とは、マルクス本人の考え方ではなく、後世の「マルクス主義者」のことを指している。これは、一面では妥当な批判である。というのは、実体から言えば、コミュニケーションの考察は、何をおいても精神的労働論やサービス労働論において、とくに対人型労働との関わりにおいて正面から問われる性格のものだからである。しかし、既述のように、精神的労働やサービス労働の考察それ自体が『資本論』の対象からはさしあたり除外されていた事情を考慮することなく、かつ現代社会では精神的労働およびサービス労働の発展が顕著となったにもかかわらず、相変わらず、この種の行為について、物質的生産労働に対する二義的な意義しか認めない「通説」が根強く作用してきたからである。この点については、尾関氏も次のように指摘している。

（『資本論』において―引用者）労働の構造を理解するにあたって人間関係を捨象しうるという点は重要であると思われる。というのは従来、マルクス主義においてともすれば、人間の基本的活動としての、個体間の相互的活動やコミュニケーション活動が、その十全なひろがりにおいて考察の対象とならなかったのは、この点と無縁でないように思われるからである。（尾関、一九八三、一六八頁）

しかし、『資本論』では、労働そのものから「循環的規定」に含まれる非物質的生産労働と生産諸関係に関わる「人間関係」（歴史的規定）を捨象して「本源的規定」が抽出されている。尾関氏がいうところの「コミュニケーション的行為」とは、第二章で扱った、生産と消費の同時一体性を有する行為としての精神的サービス労働そのものである。実践的唯物論の観点からは、合目的的な「コミュニケーション的行為」は、その実態が社会的に労働と認知されるかどうかにかかわらず、その実体においては、労働すなわち「対自的な合目的的関係運動」に他ならない。

第六章　「ポスト資本主義社会」の到来？

1　非物質的生産と「知識労働」

生産部門において、非物質的生産に関わる労働力は、今日では労働市場における多数派を占めるに至った。その諸形態は、これまで述べてきたような労働の性格に基づく類型化が可能であるが、タイプ毎の独立した業種としてだけではなく、まさに全業種横断的かつ多様で複合的な姿を取りながら存在し、日々新たな展開を遂げている。この変化は、一般的にサービス経済化と呼ばれる社会的変化の主要な実体をなしているが、これまでの検討から明らかなように、この過程を対人サービス業の発展としてのみ捉えることは必ずしも適切ではない。それは例えば、デザイナーやコンピューター・ソフトのプログラマーの労働の少なくない部分は、紙やパソコンに向かった活動が主体であることを考えるだけでも明らかである。しかし、一方では、コミュニケーション活動として現れる対人サービス労働もまた着実かつ顕著に発展し現代では資本主義的労働市場の多数者となった。そして、これらの生産領域は、一つには精神的生産として、いま一つにはサービス生産として、二重の観点から把握する必要がある。

ここで、物質的生産から非物質的生産へのシフトという問題の本質は、労働の形態という点から見るならば、比較的単純でマニュアル的な物的生産労働から、比較的複雑でフレキシブルな精神的・対人的な労働へのシフトという点にある。これを非物質的生産労働という消去法的表現ではなく、内容を的確かつ端的に表象できる一つの概念として表現しようとする試みが二〇世紀、とくにその後半においてなされてきた。

いわゆるホワイト・カラー*という表現も、こうした歴史的背景の中から現れてきたものである。「アメリカでは、一九五六年までに、ホワイト・カラーの数が工業文明史上はじめて職業構成上ブルー・カラーより多くなった」（ベル、一九七三）という事情は、一九世紀的なブルー・カラー時代に代わって、二〇世紀をホワイト・カラーの時代として捉える見方の根拠となる。C・W・ミルズは、ホワイト・カラーを「二〇世紀の舞台」の「主役」としつつ、商業労働の発展も含めてその諸相を次のように描いている。

ホワイト・カラー層の最上層部には、かつての自営個人業主にとって代った株式会社の管理者がおり、また政治面では、従来活躍してきた口達者な政治家のほかに、書類鞄と計算尺をもった俸給生活者としての官僚が現れてきた。これらの上級管理者は、無名の下級管理者、すなわち売場監督、職長、地方公務員、政府の各種検査官、法律的な訓練をうけた警察監督官などからなる組織を指揮監督する。

かつて自由業者として、自己の名を書いた看板をかけて営業していた医師、法律家、技術者などの専門職従事者は、新しいホワイト・カラーの世界でも、専門職グループでの主導権を握ろうとするが、それに対しては、俸給生活者として診療所や病院に勤める各科の専門医、会社組織の大法律事務所の助手、会社勤めの技術者などが挑戦する。医学法律部門の専門家は、やはり専門職分野での最高の地位にいるが、今ではかれらは、ひとりで仕事をするのでなく、新しい技術を身につけた多数の男女に助けられている。それは、社会工学者、機械技師、婦人秘書、研究助手、看護婦、製図士、統計士、社会事業家などである。

現代の新しい社会を典型的に象徴しているともみられる販売組織についていえば、百貨店には、移動しない販売員である女子販売員がおり、保険会社には、移動する販売員である外交員がおり、そのほかに不在販売員、つまり遠くから他の人々の販売活動を側面援助する広告担当者がいる。その最上部には、中枢的機能を握る副社長がいるが、かれ自身は、「ほかの販売員諸君よりはいくらか自由はきくでしょうが、結局私も販売員なんです」と言っている。そして、最下層には、間もなく仕事をやめて結婚する予定で、こまごました品物を機械的に売っている十セント・ストアの女子店員がいる。

書類が山なす事務所や会計課には、かつて自己の企業の書類事務をみずからやっていた業主に代って、多数の出納係や購入係が、俸給雇傭者として働いている。ホワイト・カラーのこの分野の下層では、いわゆる事務労働者が、書類の山を作ったり片づけたりする退屈なつらい仕事に従事している。それから、秘書、タイピスト、記帳係、伝票記入係、通信係など何百種類もの事務員がいる。簡単な機械や加算器、口授器、宛名印刷器、などを操作している者がいる。それから、直接に外来者に応対する受付係がいる。(ミルズ、一九五四、序文)

しかし語の持つイメージとしては、芸術的労働は言うまでもないとしても、デザイナーやプログラマー等の精神的労働を、ホワイト・カラー労働として一括することの違和感があるのも事実である。ホワイト・カラーという表現もまた、服装においてブルー・カラーとの対比を強調しているとはいえ、直接的には労働の内容そのものに即した表現ではないからである。現代社会を特徴づける生産・労働の変化を、一言で言い表すことは、このように困難を極める。この困難を乗り越えようとする試みは、スターリニズムの色濃い影響の下で、物質的生産主義の呪縛に囚われ、

＊ ホワイト・カラー化に伴う階級認識の諸議論については、大橋(一九八四)を参照。

サービス労働を二次的な不生産的労働とみなした「マルクス主義」者の側においてよりは、顕著な社会経済的な変化と日々実践的に格闘することを余儀なくされていた「脱マルクス」派あるいは「反マルクス」派において現れた。ベルの「脱工業社会」論（第四章で言及）、ガルブレイスの「テクノクラート」論や、ドラッカーの「知識労働」論がそれである（ベル、一九七三、ガルブレイス、一九七七、ドラッカー、一九六八）。本章では、もっとも社会的に大きな影響力を持ったと考えられるドラッカーの「知識労働」論に焦点を当て、その批判的検討を通して現代社会における労働の特質と疎外のあり方を検討しておくことにしたい。

ドラッカーは、「知識労働者」を、組織としての経営において知的労働に従事する労働者と考えた。その主たる対象は、対人的なサービス労働者ではなく、経営組織内における知的・精神的生産労働者を指している。例えば、次のように論じる。

今日の組織は、今日のフォードを含め知識組織である。それは数百、数千の専門化した知識を生産的に利用するための組織である。病院には三〇を超える専門領域があり、それぞれがそれぞれの体系、学位、行動基準をもつ。企業、政府機関、軍についても同じことがいえる。それらのいずれにおいても、大勢の人たちが肉体労働でなく知識労働のために働いている。……今日の組織に働く者は、自ら意思決定を行い、自らの知識を責任をもって使うことを求められる。（ドラッカー、一九六八、一八二頁）

三輪卓己氏は、「知識労働者の先駆的研究者の一人であるDrucker（1993）は、知識労働者を正規の高等教育を受け高度な知識を保有している人と表している」と紹介した上で、「研究を進めるうえでは、その対象となる知識労働者を絞り込んでおく必要がある」として、現代の知識労働者を次のように分類している。

①企業などの組織に勤務し、新製品や新技術の研究開発に従事する研究者や技術者、②ソフトウェア技術者、経営コンサルタント、各種のアナリスト、プランナー、プロデューサーなど。近年急激に増加した新興専門職、③企業などの組織の中で経営企画や事業創造に、あるいは各職能部門における企画や分析、問題解決に従事するマネジャー、およびホワイト・カラー、④主として定型的な作業やサービスを行いつつも、作業の改善、設備や作業システムの保守・保全などの知的な業務にも従事し、一定の判断力が必要とされる作業労働者（三輪、二〇一五、三・四頁）

こうした議論からもわかるように、議論の対象としている労働者像自体は、ミルズやドラッカーの場合でも、またドラッカーの議論を継承した三輪氏の場合でも、本質的な差はない。実際、ここでは職種の細かな分類ではなく、その本質に関する規定が重要である。この点で、ドラッカーに戻れば、ポイントは、知識労働者が「高度な知識を保有して」いて、「自らの知識を責任をもって使う」労働者であることである。このような規定を見る限りでは、「知識労働」とは、高度な精神的労働であり、その意味で本書の議論から言えば、精神的労働論の系譜において把握される概念であることになる。非常に興味深いことは、『断絶の時代』（一九六八）においては、「知識労働」と並んで考慮されるべきサービス労働の概念が登場していないことである。より正確に言えば、「サービス経済」という表現は散見されるが、その労働形態としてはサービス労働への言及はなく、「知識労働」に収斂する議論のフレームになっている。

これに対して、後の著作、例えば『ポスト資本主義社会』（一九九三）では、「知識労働」と並んで「サービス労働」が主役として登場し、両者は「知識労働およびサービス労働」等として並列に表記されるようになる。つまり、現代社会を特徴づける労働の変化は、ドラッカーも、やはり一言での表現ができないことが後に明らかとなった。本書の立場からすれば、これは当然のことであり、精神的労働とサービス労働とは深く関連はしているが、次元を異にする観点からの規定だからである（念のために振り返っておくと、精神的労働とは肉体的労働と一対で、すべての労働に含まれる労働の二つの側面であり、サービス労働には、精神的サービス労働と物理的サービス労働の二種類があった。ゆえにまた、物質的生産に対する精神的・対人的生産過程は、マルクスがそうしたように、非物質的生産としてのみ一括できるのである）。

ドラッカーの議論のこのような変化の背景には、「あらゆる先進国において、しかも最も進んだ先進国においてさえ、多数派は、彼らサービス労働者である」（ドラッカー、一九九三）というようなサービス経済化の顕著な進展があった。「ポスト資本主義社会」として「知識労働」者によるフラットな社会を構想するドラッカーにとっては、サービス労働もまた「知識労働」の一部を成すものであることが望ましい。しかし、「サービス労働者には、一般に、知識労働者となるために必要な教育が欠けている」（同右）ような状況では、サービス労働を「知識労働」論として一元化することはできないことになる。

ドラッカーの議論は、全体として言えば、反「マルクス主義」という姿勢で貫かれている。そのルーツは、政治的背景としては、スターリンに率いられてきたソビエト連邦への対抗であり、学術的に言えば「反マルクス主義」の立場に立った「知識社会」論としての「ポスト資本主義社会論」である。そして、その屋台骨をなすのが、テイラーの「科学的管理法」に則った「組織」における「知識労働」論である。

ゆえに、サービス労働をこの理論的枠組みに組み込めるかどうかは、ドラッカーの議論にとって死活問題をなす。次節以降で述べていくように、第一に、反「マルクス主義」を支えた彼の「マルクス主義」理解に対する「神学」的理解と、第二に、知識労働とは異なるサービス労働の台頭は、ドラッカーの議論全体におけるアキレス腱となっていく。

2　ドラッカーの「マルクス主義」観

反「マルクス主義」というスタンスを知識労働論として組み立てていこうとする以上、ドラッカーがどのように「マルクス主義」を理解していたかにその議論の正当性有無の一端がかかっている。この点を検証しておこう。

その第一は、「マルクス主義」の経済学を本来的に物質的生産を対象とした理論として見ていることである。彼は、リカードやマルクスが価値の源泉を労働にみること自体は肯定して、次のように述べている。

知識が生産性を高めるとの公理の上に経済学を再構築する必要がある。初期の経済学は、何か経済価値をもたらすかについて、今日よりもはるかに問題意識をもっていた。リカードからマルクスにいたるまで答えは労働だった。今日でもこれがマルクス経済学の答えである。この答えは、価値を生み出すものが自然の作用ではなく人間の働きであるというだけの意味であれば、まったく正しい。しかしそれは間違いでもある。人間のある種の行動だけが重要であるという意味であれば、完全な間違いである。マルクス経済学がそのような神学にとらわれていることは運が悪かったとしかいいようがない。（ドラッカー、一九六八、一三九・一四〇頁）

しかし、ここで言いたいことの中心は、マルクスらが「人間のある種の行動だけが重要である」と考えたところに「神学」性、すなわち非科学性を指摘するところにある。「ポスト資本主義」を「知識社会」として、あるいは、「物が中心的位置」を占めていた時代の「肉体的労働者の後継」として「知識労働者」の時代を把握するドラッカーの認識から言えば、ここでの「ある種の行動」とは物質的生産労働であることになる。

明日の思想と政治哲学においては、資本主義とマルクス主義において金すなわち物が中心的位置を占めていたように、知識が中心的位置を占めておかしくない。（ドラッカー、前掲書、三七九頁）

つまり、物質的生産への執着こそがドラッカーの考える資本主義を対象とした「マルクス主義」の第一の特徴である。マルクスにおいて物質的生産が持つ意味については、すでに詳しく論じてきたところであるのでここでは繰り返さないが、これは本書の立場から言えば「マルクス主義」を物質的生産主義として捉えることに他ならない。

第二は、マルクスが唱えた「社会主義」の本質的特徴を「従業員による生産手段の所有」、裏返して言えば、資本主義社会のそれを資本家による「生産手段の所有」にあると捉えている点である。

マルクスが定義したように、社会主義とは従業員による生産手段の所有であるとするならば、アメリカこそ、最も「社会主義的」な国になっている。しかもアメリカは、他方において、いまだに最も「資本主義的」な国である。（ドラッカー、一九九三、二九頁）

あるいは、次の叙述においても同様の認識を確認することができる。

新しい動力源となった蒸気機関には巨額の資本が必要であって、職人はもはや「生産手段」を自ら所有することができなくなり、「生産手段」の支配権を資本家に譲らざるをえなくなったために「資本主義」が生まれたとするカール・マルクス（一八一八－一八八三年）の説のほうに若干の根拠がある。（ドラッカー、前掲書、六〇頁）

この認識には、マルクスの認識に対する深刻な歪曲が含まれている。それは、マルクスが、資本主義社会の本質を生産手段の資本家的所有にあるとしているとの前提に立っていることである。このことは、彼が眼前に見ていたであろう、そして今日なお少なくない「マルクス主義」者については、確かに妥当する。しかし、マルクス自身はそのように考えていたわけではない点を、有井氏は次のように述べている。

私たちの対象である社会システムは、経済的システムとしては資本のシステムである。これをもっとも根源的に規定しているのは、疎外された労働をおこなう諸個人である。一般的な言葉でいえば賃労働者である。資本のシステムとは、根源的には、疎外された労働を媒介することにおいて不断に発生している社会システムである。

二〇世紀マルクス主義は、この基本的了解事項においてマルクスから遠く隔たってしまった。生産諸関係（生産を媒介するものとしてとらえられた社会的諸関係）の歴史的規定をあたえるのは生産手段の所有諸関係であり、資本のシステムを規定するのは、生産手段の資本家的所有だというのである。生産諸関係の所有論的規定命題は、スターリンの圧倒的な影響下で編集出版された『経済学教科書』（初版、一九五四年）によって確立され、スターリン派、反スターリン派を横断して全世界に普及した。（有井、二〇一〇、一八三頁）

「所有は社会的に承認された取得」であり、「『社会的承認』を存在形式にするのであってそれ自体としては意識的諸関係」（有井、同右書）である。「疎外された労働をおこなう諸個人」が生み出す生産諸関係こそがその本質・実体である。こうした本質を見ることなく、そこから派生する「意識的諸関係」としての所有関係を生産手段の資本家的所有に限定した上で、これを資本主義社会の本質的規定要因とする理解が、スターリンの影響を免れなかった「マルクス主義」者の頭脳を席巻した。そして、ドラッカーもまた、この生産手段の所有論を前提として反マルクスを掲げ、その同じ立場から――ただし生産手段の所有者は他ならぬ知識労働者であるという内容において――、知識労働に関わる生産手段の所有論を展開することになる。

この点は節を改めて述べていくこととして、以上から、ドラッカーのマルクス＝「マルクス主義」観が、実はスターリニズム的「マルクス主義」であり、その内容は、マルクス自身の資本主義論、労働論と根本的に隔たっていたことがわかる。マルクスを批判すること自体が問題なのではない。ドラッカーが、あれほど徹底的に反マルクスのスタンスを主張し、マルクスとの対比において自説を構築しようとするのであれば、できる限りマルクス自身の議論を踏まえるべきであった。この点の怠慢が、皮肉にもドラッカー自身の議論に、通説や固定観念に固執する「神学」性を与えることになった。

3　階級関係の変容と「知識労働」論

このように、ドラッカーは、生産手段の所有関係を主要な論点の一つとして考えており、したがって、反マルクスの立場から知識労働者をめぐるこの問題を論じる必要が生まれた。その結論は、端的に言えば、次のように、知識労働者が頭の中に持っている知識を生産手段とみなすことであった。*

知識労働者はすべて、組織があってはじめて働くことができる。この点において、彼らは従属的である。しかし彼らは、「生産手段」すなわち知識を所有する。（ドラッカー、前掲書、一二二頁）

自分で生産手段を所有しているという設定からくる論理的な帰結は、資本家とプロレタリアという階級関係の消滅である。

現実に支配力をもつ資源、最終決定を下しうる「生産要素」は、今日、資本でも、土地でも、労働でもない。それは、知識だということである。ポスト資本主義社会における支配的な諸階級は、資本家やプロレタリアに代わって、「知識労働者」と「サービス労働者」である。(ドラッカー、前掲書、二九頁)

しかし、これは論理的に非常に苦しい設定である。すでに指摘しておいたように、「どのような肉体的労働、もっとも機械的で劣等な労働においても、……最小限の創造的な知的活動が存在している」(グラムシ)。知識の多寡は、相対的な関係に過ぎず、無限に広がる環境の諸要素を知識として記憶=内部化できている割合は、ほとんど無限小に近い(逆に言えば人間の知識の獲得には無限の可能性がある)。一般に労働者は自らの労働力を肉体的・精神的両面の資質として販売するのであって、これは所有権の、ある範囲内における移転に他ならない。ドラッカーの議論が成り立つとすれば、知識労働者が自営業者として現れる場合であろうが、実際には「組織」としての経営に雇われる賃金労働者であることが前提されているのである。

この矛盾を、ドラッカーは次のような設定において回避していこうとした。それは、「組織」の内部において上下

＊ドラッカーは、知識労働者の所有の内容を、知識と共に「年金基金」や「信託」の存在にみている。しかし、一般的にはこれは預金と同様に生きていく上でのセイフティー・ネットの役割を出るものではない。

知識社会においては、低技術のサービス労働者でさえ、もはや「プロレタリア」ではない。従業員は、集団として生産手段を「所有」している。……だが彼らは、集団的には、年金基金や信託を通じて生産手段を所有している。(一九九三、一二八頁)

ちなみに、ベルもまた、財産・財貨の所有ではなく、専門的知識の所有と非所有に対立の軸が移行した点に「脱工業社会」あるいは「知識社会」の特徴を指摘している。

関係が存在せず、事実上自営業者のような仕方で働く労働者という設定である。

オーケストラでは、多いときには、一〇〇人を超える高度の技術をもった音楽家が共に演奏する。しかし、「経営管理者」すなわち指揮者はただ一人である。彼と団員たちとの間に中間的な「階層」はない。これが情報型組織のモデルである。こうして今や、業績に対して報いるのに中間的な指揮官的地位すなわち管理的地位への昇進をもってするというこれまでの伝統からの離脱が起こる。組織には、今後そのような指揮官的地位は、ほとんどあるいは全くなくなる。ますます組織は、ジャズ・バンドのように運営される。そこではチーム内のリーダーが、「地位」に関係なく「任務」ごとに変化していく。そして、知識労働と知識労働者の世界から、「地位」という言葉そのものが姿を消していく。「任務」という言葉がこれに代わる。（ドラッカー、前掲書、一六八・一六九頁）

マネジメントが、機械体系に適合した労働力配置から「知識労働」の組織的な管理にシフトしたことは事実であるとしても、これは果たして経営組織が指揮者を要しないフラットな関係になった、あるいはなりつつあると言えるだろうか。実は、ドラッカー自身もその点は自覚しており、「仕事の論理」と「組織の欲求」との関係の重要性、裏を返して言えば、そのような緊張関係の存在をさりげなく忍び込ませている。

知識労働はチームとして組織される。そのチーム内で、仕事の論理が仕事の中身、担当する者、期間を決める。当然組織構造は、厳格であるとともに弾力的であり、権限が明確であるとともに仕事本位であり、状況の論理に従うとともに組織の要求に従わなければならない。（ドラッカー、一九六八、二九七頁）

ともあれ、この種の階級消滅論に懐疑的な眼差しを向けるとしても、資本所有と経営との分離が普通に見られる形態となり、経営者層もまた雇われ経営者――その限りで賃労働者――化した今日の事態は、資本・賃労働関係を、したがってまた賃労働概念それ自体の再検討を迫るものとなった（S・ウッド、一九八八）。少数の資本家による多数の労働者の支配と言った、伝統的かつ単純な階級支配の二項対立的構図が少なくとも形態上は崩れたからである。

こうした中、ロルドンは、ドラッカーとは逆に、現代の資本主義社会では、多様に分岐した複雑で階層的なヒエラルキー型経営組織が普通に見られる組織形態になったとしている。

……支配の状況はマルクスが分析した二極的対立関係が示唆するものよりも複雑になっている。なぜなら、所有者＝経営者と現場監督に指揮されたプロレタリア大衆との対峙を、加速的に変化する企業構造が凌駕しつつあるからである。この企業構造の変化は労働分業の深化と内部的な特殊化によって生じた。そこでは序列体系の鎖列が媒介的次元において絶えず増大し、中心的な支配関係を無数の二次的支配関係に分化する。鎖列のそれぞれの次元において、隷属させる者＝隷属する者という両面的様式に則って賃労働関係に影響をおよぼす作用因が機能する。なぜなら、そこでは人はひとりひとりが命令の下に置かれると同時に人を命令の下に置くからである。かくして、ひとりの支配者（あるいは少数の支配者）と被支配者大衆が対立するという規範的関係形態は崩れて、支配が一種の連続的な勾配を描く錯綜した依存の序列体系となる。（ロルドン、二〇一〇、五二頁）

このような経営組織での階級支配におけるもっとも効果的かつ一般的な戦略は、安定的雇用への危機感を煽ることである。ロルドンは続ける。

経営者は大量失業の状況をちらつかせることによって、かつてよりもはるかに容易に統治を行なうことができるようになるのである。産業拠点の国外移転による雇用の喪失を絶えざる社会的な脅しとして使い、賃労働関係に由来する労働者の感情、金銭的依存感覚、物質的生活の再生産の条件の喪失への恐れといったものを操作するのである。そしてそうした恐れの感情をかつてないほどの強度にまで高めて労働者を掌握し、生産への動員と隷属をつくりだす。(同前書、七八頁)

知識労働者の賃労働者としての評価は、その労働の実体だけでなく、それが位置する生産関係、社会的諸関係の全体的な構造の中で行われなければならない。グラムシは、「知識人」について次のように指摘する。

「知識人」という用語の意味の「最大限の」制限はなにか。……もっとも広く見られる方法上の誤りは、この区別の基準を知的活動の内的本質のうちにもとめて、知的活動(とひいてはそれらを体現している集団)が社会的諸関係の一般的複合のなかにあって位置を占めているのが見いだされることになる関係体系の総体のうちに求めようとしてこなかったことではないかとおもわれる。(グラムシ、一九七五、五一頁)

ここでグラムシは、「知識人」の「区別の基準を知的活動の内的本質のうちにもとめ」る方法を批判している。「内的本質」とは、本書の流れの中で言うならば、精神的労働の有用労働としての特質一般において、その担い手としての「知識人」をそれ以外の集団と区別することである。そして、「関係体系の総体」とは、いまや多数派となりつつある精神的労働者の個人および集団が位置する社会的諸関係のことである。

ともあれ「工業社会」に代わる「知識社会」の顕著な発生・発展期の経営組織の中に、ドラッカーはほぼ「無階層」

の「情報組織型モデル」を見出し、より「知識社会」が普遍化した今世紀の状況を前に、ロルドンは「二次的支配関係」を内包した「中心的な支配関係」、支配と隷属のヒエラルキーの存在を見たということになる。所有の実体は、法律的・意識的な形態それ自体ではなく、労働をめぐる生産関係の実体であり、そこに階級関係の実体がある。それは、グローバルな大競争時代において、その敵対的な本性を顕在化させつつある。

組織が持つ利潤（交換価値）原理の圧力は、しばしば労働者の「感性やセンス」が求める使用価値原理に基づく欲求と衝突する。私的経営である以上、企画や事業は実際の利益に繋がらなければならない。昇給など金銭的インセンティブによる補償にも限界がある中で、上位の管理者は、下位の労働者に対しては、「個性」の最大限の発揮を期待しながら、組織的な効率性を高めつつ利潤原理と両立させるという難題として現れる。上位の管理による下位の主体性の抑圧は、相対的に下位の労働者において賃労働者としての疎外を突然かつ不断に顕在化させる機会として現れるのである。

対象を「知識労働者」に限定するならば、それはガルブレイスやドラッカーが考えたように、労働の具体的有用性を基準にして一つの社会集団として一括できるものではない。およそ過程が協業や分業という協働的組織活動を通じて行われる以上、組織的管理は避けることはできないが、問題は、このプロセスが、使用価値原理と交換価値原理という、異質な原理の対立と統一として存在していることである。交換価値原理を基底とする資本主義的経営としての組織的欲求と、個々の労働者が本来的に有する使用価値原理に基づく人間的欲求は、しばしば衝突を表面化させる。「知識労働」者といえども、個々の労働者は、自身が絶えずこの葛藤に直面する存在であるとともに、これは上下関係を含む支配と隷属との関係としても現れるのである。したがって、ここでも、疎外された労働がもたらす四つの局面（第三章2）は貫徹する。

この点を看過した上で、さらにドラッカーにとってある意味想定外の事態であったのは、サービス労働者の存在とその発展である。彼にとって階級闘争の懸念は、「知識労働」者とサービス労働者の間にこそある。ドラッカーは、その少なくない部分が知識を「所有」していないサービス労働者との格差に、持てる者と持たざる者との間の「階級闘争」の発生を恐れる。

物を作ったり運んだりする労働者の生産性の急速な向上は、「階級闘争」という一九世紀の悪夢を追い払った。そして今まさに、サービス労働者の生産性の急速な向上が、ポスト資本主義社会における二つの中心的階級、すなわち知識労働者とサービス労働者との間の新たな「階級闘争」の危険を回避するために必要とされる。サービス労働の生産性の向上こそ、ポスト資本主義社会において、最優先の経済的な課題であるとともに、最優先の社会的な課題である。……一つの家族に、同じように高等教育を受けたサービス労働者と知識労働者が存在しうる。しかし、サービス労働者が十分な所得と尊厳を得られないかぎり、ポスト資本主義社会は、階級社会と化すおそれがある。（ドラッカー、一九九三、一六七頁）

以上の検討から明らかなように、ドラッカーが「知識労働」やサービス労働に関するマルクスの労働論（第四章）に加えた新しい見識は基本的には何も存在しない。彼の功績は、少なくない「マルクス主義」者が物質的生産主義に囚われている間に、マルクスの言う非物質的生産領域における新時代の到来を、大胆に打ち出したことである。しかし、その反マルクス的スタンスが、結局はスターリニズム的「マルクス主義」の理解に拘束されたものであったことで、皮肉にも、マルクスへのこだわりが、かえってドラッカー自身の議論を論理的に破綻させている。

第III部　余暇活動論

第七章　労働と余暇活動

1　余暇の発生

第一章で述べたように、人間の生命活動は、睡眠や消化などもっぱら自律神経のコントロールに委ねられた生命活動を除くならば、基本的に対自的な合目的的関係運動として展開される。対自的であるがゆえに自由（あるいは不自由）という観念が発生することも付け加えれば、自由かつ対自的な合目的的関係運動の存在が、人間を動物一般から区別するもっとも本質的な特質をなしていた。

この点で実体として言えば、労働も余暇活動も同じく人間の主体的な生命活動なのであって、両者の間に区別は存在しない。両者が独自な概念として分離するためには、その背後にこれを必然化する独自の運動がなければならない。かくして、労働が賃労働として分離する事態が生じ、これに伴って生じた残余部分としての非労働時間が余暇という概念を誕生させることになった。このように、余暇の発生は、労働時間という実態の成立を根拠としている。

角山榮氏によると、賃労働の発生によって労働時間がそれ以外の時間（ここでは「生活」と表現）と区別され始めたのは、イギリスの場合一六世紀中頃のことであった。

……自然的時間によって支配された農業社会では、職人の仕事といえば時間に縛られないで、何時間でも何日でも満足するまで時間をかけて良い作品をつくるという、作品中心の労働であった。そうした社会では仕事と生活との間にあまり区別がなく、働くことと一日の時間をすごすこととの間に大きな対立はなかった。ところが近代的時間の成立とともに、仕事はいまや時間に縛られた賃労働へと変わってゆく。重要なことは、機械時計の示す人工的時間で表示された労働時間が、いまや労働を規定するようになるということである。周知のように、雇用労働がもっとも早く進んでいたのはイギリスである。イギリスにおける作品中心の労働から時間労働への転換は、だいたい一六世紀中ごろから始まったと思われる。（角山、一九八四、二〇頁）

資本主義社会の成立・発展に伴って、このような事態が社会全体に広がるのは産業革命期である。荒井政治氏は次のように述べている。

資本主義的な工場制工業の導入に伴って、家族単位の労働、労働と余暇とが渾然一体となった生活スタイルは崩れ去った。生活空間は職場と私生活空間とに分離され、生活時間も労働時間と自由時間、雇用主の時間と労働者の時間、とが峻別されるようになった。多くの人々が、漠然とした暇な時間（spare time）ではなく、労働時間に対立した意味での自由時間（free time）を初めて意識するようになる。農業社会の一日は陽光とともに過ぎたが、工業社会の一日は始業時刻、終業時刻が固定化され、雇用主により時計によって支配されるようになる。（荒井、一九八九、一一頁）

こうしたプロセスは、賃労働の成立すなわち労働の賃労働への転化によって、人間の生命活動が賃労働とそれ以外の活動に二分割されたことを意味する。時間的観点から言えば、労働とそれ以外の諸活動が一つの全体として分かちがたく融合していた日々の生活時間が、労働時間と非労働時間とに分裂したということである。この場合、〈賃労働＝労働時間〉の成立こそがこのような事態をもたらした生命活動分裂の原因・規定的契機であり、その逆ではない。余暇は、このような事態の社会的発生の下で、賃労働＝労働時間の残余を表現するものとして概念化されることになる。

前産業社会においては、労働と余暇との間の反撥は存在しなかった。というのは、社会がその構成員に与えうる余暇類似の活動を、労働それ自体がふくんでいたからである。産業革命のさ中に、中産階級のためのプロテスタントの倫理により、また労働者階級にとり生存ぎりぎりの工場労働の賃金水準により、労働に包含されていた余暇内容の多くは一掃されてしまったので、労働は、ほとんどその名に値しない余暇と反撥することになったのだ。余暇が生活の重要領域になったのは、労働週の短縮や大衆の増大する購買力をともなう工業化の現段階においてのみである。（パーカー、一九七一、一八三・一八四頁）

それでは、「前産業社会」と「工業化の現段階」の間にある、大工業確立・発展期の余暇活動はどのようなものであったか。荒井氏は、一八世紀から一九世紀ヴィクトリア時代のイギリスにおける余暇活動の広がりを次のように描いている。

一八世紀のイギリスでは、今日のようにホリデーを楽しむことができたのは、主として貴族やジェントリーのような富裕な有閑階級、特権階級に限られていた。次いで一九世紀の工業化の時代に入ると、まず富を蓄えた商工業者、つまり新興中産階級が上流階級の生活様式を模倣して、リゾートに現れるようになる。労働者階級は工業化の初期段階においては、劣悪な労働環境・生活環境、エンクロージャー（囲い込み）による広場や共同地の喪失、レジャーすなわち道徳的堕落とする中産階級的価値観の押しつけ等、さまざまのコストを支払わねばならなかった。しかし一九世紀の中頃からまず熟練労働者層が、そして七〇年代以降になると、より多くの一般労働者層も、しだいに工業化の恩恵に欲するようになり、彼らの自由な時間と実質賃銀の伸びによって、国民のレジャー支出の総額が増大した。レジャー産業成立の基盤はこのようにして築かれていったのである。（荒井、前掲書、四〇頁）

また、ヴィクトリア時代を「レジャー革命」の時代として捉え、その内容について次のように述べている。

イギリスは余暇の商業化・企業化におけるパイオニアであった。産業革命につづくヴィクトリア時代のイギリスでは、工業化・都市化の進展によって、労働と余暇が明白に分離し、農村的・共同体的な伝統的レジャーは、しだいに都市的・商業的レジャーにとって代られていった。今日、人びとのレクリエーション、余暇活動の中には公園や田舎を散歩するように、支出を伴わないものもあるが、大ていなにがしかの支出を伴う。ヴィクトリア時代は生産力の発展による国民所得の増大と分配の民主化がすすんで、大衆の間に自由時間とレジャー支出が増加し、さまざまの商業的レジャーが発達した時代であり、「レジャー革命」とも呼ぶべき「静かな革命」の進行した時代であったといえよう。海水浴場や湖畔へ向かって走る行楽列車（excursion train）、小さな漁村に生まれた臨海リゾート都市（seaside resorts）、群衆を集めて見せる商業スポーツ、国民に連休を贈ったパンク・ホリデー法、一八七〇年代から広く使われ始めたweakendという言葉、自転車やカメラといった新しいレジャー商品の登場、これらはいずれもヴィクトリア時代の「レジャー革命」を特徴づける現象であった。（同右書、三九頁）

こうして余暇は、賃労働に従事する労働時間の残余として、すなわち非労働時間として成立した。

2 賃労働と余暇活動

(1) 余暇活動の定義

こうした経緯から直ちに言えることは、余暇活動とは非労働時間（としての余暇）における人間の生命活動であることになる。そのような観念の発生は、前節のような歴史的根拠を持っている。これは、言わば経験レベルでの余暇活動の定義である。

一般的に、ある概念について、その「正しい」定義がア・プリオリに存在するわけではない。定義自体は概念の背後にある現象に先行して存在するわけではないので、統計上、あるいは種々の観点からの恣意的な定義は可能である。その正当性は、一つには実践的な意義との関係性、いま一つには普遍的な諸概念との理論的な整合性によって説明されるべきであろう。

労働時間というものが運動する実体という点で意味を持つのは、既述のように、外的目的性を持った生命活動、すなわち環境に対する対自的な合目的的関係運動としての労働が、賃労働として現れる点にあった。これに対して、非労働時間としての余暇においては、自律神経に委ねられる（無意識的に行われる）睡眠等の生命活動を除けば、意識的な活動は、基本的には生命再生産という内的目的性を持った活動として存在した。それは、個人的消費、すなわち「消費としての消費」を目的とする対自的な合目的的関係運動であった。ということは、賃労働に対照されるべき余暇活動は、実体のレベルでは、内的目的性を持った対自的な合目的的関係運動であるということになる。念のために言えば、この生命運動の部分的過程としては、多かれ少なかれ、外的目的性を有する合目的的関係運動（個人的消費過程に内包された労働過程）も含まれていた。

したがって、この論理の次元では、労働と余暇活動は、対自的な合目的的関係運動という実体においては同一の生命活動であるということになる。対自的な合目的的関係運動という同一の本質が、対立的な二つの現象形態をとるということである。では、本質において同一のものが、どこで区別されるのか。

第一章2で示唆しておいたように、ここから、自由という観念が余暇活動を特徴づけることになる。なぜならば、ここでの生命活動は、賃労働におけるような直接的な拘束関係が作用しない状態で展開されるからである。マルクスは、この点を次のように述べている。


労働時間は、たとえ交換価値が廃棄されても、相変わらず富の創造的実体であり、富の生産に必要な費用の尺度である。しかし、自由な時間、自由に利用できる時間は、富そのものである――一部は生産物の享受のための、一部は自由な活動のための。そして、この自由な活動は、労働とはちがって、実現されなければならない外的な目的の強制によって規定されてはいないのである。（『草稿集』⑦、三二四頁）

すなわち、「外的な目的の強制によって規定され」ないことが、自由時間と自由な活動のメルクマールであり、それこそが人間にとっての「富そのもの」である。「余暇の真の領域は自由な選択を本質とする」とするJ・フラスチエ（一九七三）の認識は、これと一致する。もちろん、賃労働であっても、偶然的あるいは特殊的に自由な活動として行われる場合には、事実上余暇活動との区別が見られなくなることもあれば（ただしこれが余暇活動と観念されるかどうかは別問題である）、逆に非労働時間における活動であっても、「強制」的・義務的性格を帯びるに従って余暇活動としての実体を喪失していくことになろう。その上で、拘束と自由に関して、このような特殊性、偶然性を貫く普遍性は、賃労働が拘束的であり、余暇活動が自由であるということである。こうした認識を抜きにして、賃労働を労働一般と考えてその本質の認識を回避し、余暇（活動）の現実の姿から余暇の概念をあれこれ定義しようとする試みは、終着点のない無限の理論的混乱を帰結することになろう。

人間の生命活動は、歴史貫通的には生産と消費との統一として考察されなければならない。とすれば、資本主義社会という特殊歴史的な生命活動の考察は、賃労働と余暇活動の双方を統一的に射程に入れる必要があるということになる。

(2) 労働と余暇活動の関係

個人の生活において、労働と余暇活動とは対立物として統一されており、基本的・一般的には前者（賃労働・労働時間）が後者（余暇活動・自由時間）のあり方を規定しつつ、後者もまた前者のあり方に反作用する関係がそこにある。ここでなぜ賃労働が規定的かというと、第一に、賃労働の発生の結果として余暇が発生したのでありその逆ではない。第二に、分業と協業が生み出す生産力の発展は生産過程においてであって個人的消費過程においてではない。生産力の向上を支える労働力の質的高度化は、何よりも労働を通じて達成される。そして第三に、類的存在・社会的存在としての自己が、何よりも労働を通じて自覚されるからである。*

既述のように、人間は対自的な合目的的関係運動としての労働によって、人間としての「内的自然」すなわち人間性と人格を変化・発展させる。資本主義社会では、それは分業・協業による部分労働者化であるとともに、絶えざる流動化による全面的な人間発達に方向づけられた過程であった。『経済学批判要綱』は、この労働と余暇との関係について、次のように述べている。

* 姜尚中氏は次のように述べている。
「人が働く」という行為のいちばん底にあるもの……それは、「社会の中で、自分の存在を認められる」ということです。（姜、二〇〇八）

余暇時間でもあれば、高度な活動のための時間でもある自由な時間は、もちろんそれの持ち手を、これまでとは違った主体に転化してしまうのであって、それからは彼は直接的生産過程にも、このような新たな主体としてはいっていくのである。この直接的生産過程こそ、成長中の人間については訓育であると同時に、成長した人間については、練磨であり、実験科学であり、物質的には創造的で、かつ自己を対象化する科学であって、この成長した人間の頭脳のなかに、社会の蓄積された知識が存在するのである。(『草稿集』②、五〇〇頁)

この記述は、こういうふうにも言えるだろう。賃労働者として疎外された関係の下で「社会の蓄積された知識」を獲得した労働者は、余暇において自由という禁断の果実を味わう。自由な活動は労働者を「違った主体に転化」し、「新たな主体として」拘束された賃労働者に回帰するのである。こうして、対自的な合目的的関係運動という一つの実体が、賃労働と余暇活動というメタモルフォーゼ(変身)を交互に繰り返しながら生命再生産を遂げていく――ここに資本主義的な生活過程の基本的な特質がある。

こうした拘束と自由との繰り返しの中での労働者の「内的自然」の変化は、傾向的に自由への欲求を強める。そして、「社会の蓄積された知識」を内部化するとともに、労働疎外への反発を通じて、自己発展的な成長型欲求と気晴らし・享楽型欲求との二方向の欲求のいずれか、あるいは両者が融合した目的意識として顕在化する。そして、この欲求を自らの意思に基づいて自由に実現しようとすれば、その行為は管理された労働においてではなく、まずは余暇活動において現れることになる。その意味で、「自由時間の用いかたは人格の試金石」(フラスチェ)となる。F・ツヴァイクの次の叙述も、同様の問題を指摘している。

趣味はおそらく、彼の全人格を仕事以上に表現する。というのは、彼は必要のために働き、選択を通じて趣味に従事するからである。趣味は、工業文明の単調さに色彩をもたらす。退屈な仕事は不可避であるが、満足できる趣味は過度な機械的な生活の影響を和らげることができる。（ツヴァイク、一九四九、一五五頁）

同じ論点と関わって、戸坂潤氏の「暇つぶし」や「退屈凌ぎ」に関する次の指摘も興味深い。

一定の、恐らくその時必要な又は可能な、労働に対して、気乗りがしない時、その労働が免れることの出来ぬ課題であればある程、或いはその労働が唯一の許された可能な労働であればある程、暇つぶしと退屈凌ぎとの必要は大きくなる。つまり労働が欠如している時ではなくて、気の向いた労働が欠如している時に、之が必要になって来るわけだ。暇や退屈に苦しむといふことは抑々一贅沢のように考へられているが、しかし実際は、労働が出来ないということは人間にとってこの上ない不幸と苦痛なのである。（戸坂、一九三七、一六九・一七〇頁）

デュマズディエやパーカーといった余暇論研究者が、もっとも重大な関心を寄せその解明に努力を払ったのも、労働の種類や職種の違いがいかに余暇活動のあり方を規定するかにあった。次節で垣間見るように、彼らの主要な目的は、その点を調査データに基づいて実証することに置かれた。

逆に、マルクスが指摘しているように、余暇活動を通じて「これまでとは違った主体に転化」した労働者は、「直接的生産過程にも、このような新たな主体としてはいっていく」。これらも少なくない余暇論研究者がすでに指摘している論点であるが、実証分析はほとんどなされていない。これは、この点を具体的なデータや統計に基づいて実証することが、余暇活動の多様性という事柄の性質上、困難が大きいからでもある。

⑶　消費手段の発展と余暇活動

労働が生産手段の発展を通じてのその生産力を増大させるように、余暇活動もまた、活動に用いる消費手段の発展を通じて活動の高度化を実現する。しかし、その発展が資本主義的生産の下で、消費手段生産部門からの商品の供給として行われる結果、非労働時間における「自由」もまた以下の意味内容において制約を受ける。

というのはまず、資本主義社会では、非労働時間がなによりも可変資本としての労働力の再生産運動の原理に支配された時間として現れることに関わる。労働力再生産のための消費財の調達は、商品の購入という形態をとるが、その実現は賃金の範囲に抑制される。社会の生産力の発展は、ますます多様で高度な生活手段を市場にあふれさせるが、このことは可変資本としての労働力の再生産という狭隘な枠組みと常に衝突することになる。労働者は常に何らかの欲求不満にさらされるが、この場合の「生活苦とは、労働者のうけとる労働成果が労働力の回復にようする消費財分量に限定されるためうまれる社会的な産物」(頭川、二〇一〇)であることになる。潜在的な消費欲求と実現可能なそれとの乖離としての生活欲求の疎外は、その意味で構造的である。言い換えれば、資本循環における労働力再生産費という枠組みを与えられた中での「自由」な消費である。

資本の運動は、賃金を抑制する一方で、マーケティング活動等を通じて消費欲求を増大させ、需要を最大化しようとするため、この矛盾はさらに拡大する。パッカードは言う。

『ビジネス・ウィーク』誌は数々の巧妙な消費者向けの説得のテクニックをとり上げて、次のような論評を加えている。「今日ではまるで全ビジネスがわれわれに次のことを教えこもうとしているかのようである。すなわち借りよ、使え、買え、浪費せよ、ほしがれ、この五項目である。」(パッカード、一九六〇、二六六頁)

これは、労働者がその生命再生産活動において主体性を喪失し、一見自由な選択として現れる欲求が実は資本の運動によって誘導される中で、浪費化・奇形化・退廃化する傾向が常時作用することを意味している。消費は、制限されるだけでなく、実現の内容において過剰化や質的な劣化を伴いながら発展するのである。ショアによれば、「消費主義」の下で消費の肥大化・浪費が蔓延するアメリカにおいて、この矛盾は、例えば消費者の間に次のような心理的葛藤を生じさせた。

アメリカ人が新しい消費主義に対し次第に不安になってきたことを裏付ける証拠は次第に増えてきている。いくつかの調査が示すところによれば、多くの人が物質主義はこの国を荒廃させ、私たちの価値観を堕落させ、子どもたちを損なうと思っている。人びとがお金にあまり気をかけずお互いをより気にかけるとき、私たちはより誠実な時間とみなされるものに憧れる。麻薬と犯罪の蔓延を目にした今では、人びとは物質主義をアメリカの家族に影響を与えたもっとも深刻な問題と見なしている。プリンストン大学の社会学者ロバート・パスナウは、最近の本の中で、私たちはお金に対しては二面的だと主張している。ある面では、私たちはお金を欲しがり、成功と達成に懸命になり（お金はアメリカが成功を記録する方法だと言われてきた）、勤勉をよいことだと信じている。それと同時に、私たちはお金に対し、お金は不浄で、精神を堕落させるもので、邪悪ですらあるという矛盾する考え方を持っている。（ショア、一九九八、四四頁）

資本の運動は、労働の全面的な社会化を推し進める中で、伝統的な共同体の狭い枠組みから解放された新しい人格を生み出し、人間の全面的発達のための客観的な基盤を育む。マルクスはこれを「資本の偉大な文明化作用」と呼んだ。しかし、この作用は他面で、市場に依存した資本主義的人格を生み出す。角田氏は次のように指摘する。

この作用（「資本の偉大な文明化作用」のこと―引用者）は同時に、資本に適合的な人格と労働力の形成でもある。大量生産＝大量消費に適合する物質主義、所有欲、享楽主義にみちた人格、変転する資本の搾取＝増殖欲求のためにいつでもみずからの労働力を提供し、能力向上につとめ、労働力の移動にも対応できる個人と家族、ますます増大する生存条件の不安定さに耐え、むしろ積極的に他人と競争する人格が求められる。（角田、一九九二、二一〇頁）

したがって、賃金の増大欲求として現れる消費欲求の増大は、このようなシステムの下では、しばしば長時間労働（＝結果としての自由時間の短縮）への欲求として現象する。この意味で、労働者は、労働時間の短縮と延長という、矛盾した欲求を抱える。

欲求の充足が賃金に依存しているということは、賃労働機会そのものの喪失、すなわち失業という事態に陥った場合には、――これも現代社会では日常の光景であるが――、生命の再生産を絶対的な危機に陥れる。拘束時間としての労働時間がなくなるということは論理的にはすべて自由時間になるということであるが、この場合の自由時間は、生活における自由の実現ではなく、強制された自由時間（この表現は形容矛盾であるが）として、生活からの全面的疎外として現れる。

角田氏は、こうした現実が孕む矛盾関係を、「個人的消費生活過程における生活の自由・安定・安心とその剥奪との矛盾」として捉え、次のように述べている。

労働者個々人とその家族は、個人的な生活欲求の充足のために自分の生命と健康、生活時間、家族生活、当面の生活欲求の充足をも犠牲にし、労働能力の一面化をも受け入れて他人（＝資本）のために働き、その代償として一定額の賃金と生活手段商品を得られると期待し満足するのか、それとも、個人的な生活欲求の範囲や種類を拡大し、その充足のための自由時間を拡大し、実質賃金を増加させ、雇用の安定のためにみずからのあいだの競争を停止もしくは制限し、資本と対立してこの増殖運動を社会的に制御し規制するのか、という矛盾にたえずさらされることになる。（角田、一九九二、二〇八頁）

このように見てくると、余暇活動の観点からは、第一に、労働時間の短縮＝自由時間の拡大を実現することが、第二に、余暇活動の内容において主体的であることが求められる。「時短」を実現しつつ「日常生活の二重の面（ブルジョワ的一面と人間的一面）を区別すること」（H・ルフェーブル、一九五七）が、自由と幸福を実現する生き方につながっていくことになる。

3 「レジャー文明」の時代における余暇論

(1) 余暇の定義をめぐって

第二次大戦後、余暇の大衆化が本格化するとともに、余暇に関する学術的研究も盛んになるが、その際、理論的な研究においては、社会学分野を中心に労働・余暇関係という観点での研究が発展した。レジャーそれ自体の本質を認識しようとすると、人間の活動における二大構成部分として、その対極にある労働との関係に焦点が合わされるのは当然の流れである。このことは、まず余暇の定義においても確認することができる。

代表的な余暇論研究者の一人、デュマズディエは、労働と余暇活動との関係について、次のように述べている。

余暇はあきらかに労働過程の性格によって規制される社会的現象であるが、余暇もまた労働過程に影響を及ぼす。両者の作用が相まって全体的過程が成立する。（デュマズディエ、一九六二、九九頁）

そして、「余暇の三機能」を「休息、気晴らし、自己開発」にあるとした上で、余暇について次のように定義している。

余暇とは、個人が職場や家庭、社会から課せられた義務から解放されたときに、休息のため、気晴しのため、あるいは利得とは無関係な知識や能力の養成、自発的な社会的参加、自由な創造力の発揮のために、まったく随意に行なう活動の総体である。（デュマズディエ、一九六二、一九頁）

ここでまず目につくことは、「職場や家庭、社会」が並列に並べられていることである。この場合、賃労働とそれ以外の運動との間に本質的な区別を見る本書の立場からみると、デュマズディエの労働論が気にかかるところである。この点では、次の記述に彼の見方が現れている。

マックス・ウェーバーのプロテスタントの研究によれば、資本主義を建設、指導したものは、「利益を正当化するものは労働であり、社会の役にたたない活動は第二義的なもの」という理念であった。このような理想主義的社会観は、資本蓄積の必然性に関するリカードのテーゼにも一部みられる。マルクスも別の立場からではあるが、労働の根本的重要性「労働が人間の本質である」という類似的概念を提起した。しかし、マルクスやリカードの価値観は余暇の発展した今日、次第にゆらいできている。（デュマズディエ、一九六二、九・一〇頁）

ウェーバーの評価はさておき、「マルクスやリカードの価値観」については、この叙述では明確でない。あえて推測すれば、ひとつには資本蓄積と商品価値の内容・大きさを労働量に基づいて説明する投下労働価値説に対する、あるいはマルクスについては、人間の人間たる所以を労働に求める唯物論的な見方に対する批判と取れなくもない。しかし、そうした議論が「ゆらいでいる」として、その根拠を「余暇の発展」に求める説明は論理が大きく飛躍している。

とくにマルクスについて言えば、第Ⅰ部で述べてきたように、その労働論は、人間が動物一般から区別される本質規定としてあるのであって、単なる「重要性」の次元で論じている問題ではない。また、自由時間は人間にとっての「富そのもの」と言うほどに大きく位置づけられていることに、デュマズディエは気づいていないように見える。こうした表現にも示されているように、彼の労働観の曖昧さが、「職場や家庭、社会」を一括する発想にも反映されている。結局、「休息、気晴らし、自己開発」や「随意」性という、一般的に表象される諸事実から余暇を把握する、形態論的、機能論的な定義となっていると言える。

同じ頃、ドーバー海峡を挟んだイギリスでは、パーカーが積極果敢な論陣を張っていた。パーカーは、「余暇の定義づけ」においては、「客観的なアプローチを行うことが非常にむずかしい」ことを認めつつ、既存の余暇論の定義を総括して、「剰余」タイプ、「規範」タイプと両者の折衷タイプとしての「中間」タイプの三つに分類する。「剰余」タイプは、生活から拘束的な要素がある活動を取り除くこと、つまり、「全体時間から何を取り除くべきか」という観点から余暇を定義しようとするものである。「規範」タイプは、クリスチャン的な見方がそうであるように、あるべき余暇としての「全く規定的で規範的なものから構成される」タイプ、そして、「中間」タイプは、「剰余的アプローチで始まる」が、「時には規範的な要素」を加えつつその「内容や機能」にまだ踏み込んだ定義とされる（パーカー、一九七一、一一七〜一二三頁）。

活　動

時間		拘　束 ⟷		自　由
	労　働	労　働（雇用）	労働要務（雇用と関連）	「労働としての余暇」
	労働外	生理的必　要	労働外の要　務	余　暇

出所：パーカー，1971，40頁。

図 7-1　労働と余暇との関係

これらの議論を踏まえつつ、パーカーは、自身の余暇認識を図7-1のように示している。見られるように、パーカーの議論においては、雇用としての労働とそれ以外の労働が以下のような意味合いにおいて区別されている。

雇用は所得生産活動という狭い意味での労働ではあるが、しかし労働は目的のあるかつ持続的な活動という、より広い生物学的、生理学的な意味をもっている。（パーカー、一九七一、二六頁）

これはパーカーの議論においては、「労働としての余暇」という、「在宅時」に行う「仕事関係の読書」など、労働時間外に行う雇用労働の延長としての活動が考慮されているためである。雇用労働とそれ以外の労働を区別したことは、かれが「拘束」との関連において賃労働を評価できていたことを意味する。反面、余暇活動における「労働」を、雇用労働と関係した行為に限定するという、本書の立場から言えば不十分な認識にとどまっている。労働の本質を対自的な合目的的関係運動として把握していれば、これとは違った分類に到達していたであろう。

以上、戦後の余暇論を牽引してきたとも言えるデュマズディエとパーカーの定義を見てきたが、両者共に労働および賃労働の捉え方が曖昧である。ただ、パーカーの場合は、それは言わば「仕事」の枠内での区分にとどまっていたとはいえ、雇用とそれ以外の労働とを区分する視点そのものが定義に反映されていた点は評価されよう。

(2) 労働・余暇関係について

こうした余暇概念の曖昧さを持ちながらも、第二次大戦後の余暇論においては、労働（事実上「仕事」）と余暇との関係について、実証的な分析に力が注がれた。

第二次大戦後、今日に至る余暇研究の展開は、大きく見るならば一九七〇年代半ばを境に二つの時期に区分できる。それは端的に言えば、政策論的にはケインズ主義から新自由主義・グローバリズムへ、産業構造としては工業（ブルー・カラー）主導から金融・情報・サービス業（ホワイト・カラー）主導の時代への転換・移行を背景とした議論の発展の反映として、あるいは、D・ハーヴェイの表現を借りれば「フォーディズム的なモダニズム対フレキシブルなポストモダニズム」（ハーヴェイ、一九九〇）の対照として特徴づけることができる。ここでは、この前期の議論として、G・フリードマンおよび引き続きデュマズディエとパーカーを取り上げよう。

フリードマンは、労働と余暇活動との関係について、次のように指摘した。

もし我々が労働の中における職務拡大の現象を指摘しながらこれを今日の余暇活動の発達の一般的傾向と結びつけることをしないと、完全に意味をとらえ、理解することはできないであろう。実際、多くの人びとが方々の国々で、しかもまた種々の環境において余暇を利用しようとしているが、それは彼らが職業上の労働において消費することのできない潜在的能力をいろいろの仕方で余暇において発揮させるためであることが認められる。……工場、事務所、鉱山、作業場での職業生活における合理化された職務によって満足させられない興味、意義、参加、達成の要求やそうした職務が多くの人びとの心的状態の中に作り出した潜在的緊張は、労働外においてもその圧力を維持しつづけ、一日または一週の労働時間の漸次的縮小によって可能となる増大する「自由」時間において労働者が求める活動にも影響を与えるのである。(フリードマン、一九五六、一五〇頁)

ここでは、余暇活動は「職業上の労働において消費することのできない潜在的能力をいろいろの仕方で……発揮させるため」、あるいは職場での「潜在的緊張」を緩和するための活動として把握されている。換言すれば、労働(オートメーション化され、細分化された労働)の内部においては人間の潜在能力の発達が展望できなくなっていること、したがって、労働外の時間である余暇においてこそそのことが可能になるという彼のスタンスがある。フリードマンはさらに、この点を次のように述べている。

オートメーションが手でやる仕事を除去し、労働時間をいちじるしく短縮し、個人から心理的均衡と多くのばあい労働が個人に伝統的に確保していた人格の実現という基本的要素を奪ってしまう社会においては、この人格の実現の中心を自由時間、能動的な余暇に置くという必要性がいっそう切実になるのである。(フリードマン、同右書、xiv頁)

あるいは、次のようにも言う。

オートメーションの諸帰結は、そのもっとも熱心な主張者が熱意をこめて想像するように、輝かしいものであることができるのである。しかしながら、それはもし正義にもとづく制度や自由や英知を奪われた世界に転落すると、人間の堕落に寄与するという危険を持つのである。(同右)

つまり、労働が細分化される結果、人格の発展が強く制約を受けつつある。オートメーション化する労働は、一面で余暇の発展の条件となるとともに、他面でそれを制約するものでもあるが、その制約は余暇活動によって緩和されているという見方である。

一九世紀には、超長時間労働が人間の生命と人格の発達を脅かす中で、労働時間の短縮による自由時間の獲得こそは焦眉の課題であった。それは、この時期においても解決されたわけではない。フォーディズムに象徴されるところのオートメーション化という近代的な装いを纏いつつ、機械への従属を通じてある意味ではこれまで以上に人格の発達が阻害されている。生産力の発展こそが自由時間実現の前提であることを認めつつも、労働の現場はなお苦行の連続である。

こうして、人格の発達は、何よりも自由時間＝余暇の獲得とその活用に託されることになる。とはいえ、「人間は自宅と職場で別々の人格ではなく、同じ一人の人格である。個人的な心配事、不満と不安を職場にぶつけ、逆に職場のそれを自宅にぶつける」（ツヴァイク、一九四九）とする見解に同意するフリードマンにとって、それはとても「レジャー（余暇）文明」の時代と言えるようなものではなかった。

デュマズディエは、こうしたフリードマンの見解に異を唱え、「労働は人間的な余暇を享受しうる条件を生み出したり、またそうした余暇への欲求を育てたりする限りにおいて、人間的になりうる」と、労働の将来を肯定的・楽観的に位置づけている。こうした観点からのフリードマン批判は、七年後に出版された著作において、さらに明確化されている。たとえば次のような論述である。

レジャー社会学の歩みから触発された批判や態度留保の主張のうちでも、最近のG・フリードマンの考え方をとくに重要なものとして取上げたい。彼の技術文明の分析という枠組み内でのレジャーの省察は、大きく変化してきた。彼は最初レジャーを労働との関連でその代償もしくは気晴らしと考えてきた。ついで、どの程度自由時間が現実に拘束や条件から解放された自由な時間であるかを知ることに努め、彼にとっていわば悲観的な答えを示唆するような多くの事実が自ずと登場するにいたった。たとえ多くのばあいにではないにしろレジャー価値が労働にますます影響を及ぼすこと、また他方、労働を条件づけるようないっさいの他の諸活動にもレジャーの影響が増大することを示す一群の事実に大きな関心を払わなかったのである。そのうえ、一九七〇年以降、全体として可能性としてのレジャー文明を考えることを排斥する。（デュマズディエ、一九七四、三八〇頁）

こうした対立的議論の背景には、主としてオートメーション化による「半熟練労働者」の疎外を正面から捉えようとしたフリードマンに対し、デュマズディエの場合には、なお第二次産業が核となりつつも、第三次産業の発展がこれに代わろうとしていた時代状況があった。つまり、ホワイト・カラー労働あるいはドラッカーのいうところの「知識労働」や各種サービス労働の台頭を眼前にしながら議論を組み立てている。ドラッカーが「ポスト資本主義社会」として「知識社会」への発展を夢見た時代に、余暇の大衆化を目の当たりにしたデュマズディエは「レジャー文明」の時代を見たのである。

労働に対するスタンスの違いは別としても、余暇活動の発展に期待をかけた両者に対し、パーカーの場合は、労働と余暇活動との一体性、したがってまた問題の一体的解決の姿勢が、より鮮明に現れているように見える。

私たちは近頃「余暇の問題」につきよく耳にする。だが労働の問題についてはそれほど耳にしない。しかし両方とも実際は同じ問題の側面なのであって、複雑な論点をすべて念入りに考察しようとすれば、私たちは他方と取り組まずには一方の解決に成功しそうもないことは明らかなのだ。（パーカー、一九七一、一二頁）

パーカーは、このようなスタンスから仕事内容（職種）や従業上の地位による労働者の余暇に対する態度の相違に大きな関心を払う。そして、余暇のあり方が職業的労働と密接な関係にある「延長」型と、労働からの断絶・逃避を特徴とする「対抗」型、その中間としての「中立」型の存在という類型化を行い、労働と余暇活動における社会的な相関関係を検証していく。その結果、職種や地位の違いによる労働の創造的意識、熟練性、協働性意識、集団での役割等の違いが存在していることが、実証的に詳細に分析されており、興味ある普遍化に成功している。

調査対象グループの中での労働と余暇の経験および態度には、概略二つの型があるように思われる。その一方は、銀行の人たちや熟練のあまりいらない筋肉的な仕事のようなもので、比較的労働に没入することがなく、余暇においても「個人化され」ていて、しかも労働と余暇の概念上では正反対という型である。もう一つの方は、年少者職業指導員や保育係や、しかもある程度までの熟練筋肉労働者のように、労働に没入していて、余暇においては社会的知的に一層積極的であり、労働と余暇についてより統合的な概念をもっているという型である。以上のことは、試験的でかつ非常に大ざっぱな結論であり（とくに筋肉労働者の場合）、今後くり返され拡充される必要のある調査にもとづいている。しかし彼らは、労働外の経験にも労働の影響が拡がっていることを指摘しており、また、労働において彼らが失ったものを余暇において償うことができるという理論に対し、疑問を投げかけている。（パーカー、同右書、一三二・一三三頁）

パーカーの場合には、労働と余暇活動が、「両方とも実際は同じ問題の側面」というように、「同じ問題」が二つの「側面」を含んでいるという、表現上は機能面での相互作用という次元を越えて、より両者の本質に踏み込んだ表現をしている。しかしながら、その上でこの表現に準じて言えば、どのような実体として「同じ問題」であり、どのような意味において区別されるのかが問われるが、とくに「同じ問題」は、先の図7-1のように、全体として見た個人の生活の二つの側面という認識にとどまる。この点について、J・クラークは次のような批判的なコメントを行っている。

結局のところ、彼（パーカー――引用者）はレジャーを統合、反対、あるいは中立かどうかという労働の「機能」として説明しようとしている。（クラーク、一九八五、一七頁）

つまり、本書の立場から言えば、対自的な合目的的関係運動という労働と余暇との共通の実体は看過されている。ゆえに、実証分析から導き出された満足度・嫌悪度の観点から見た労働のヒエラルキーや職業タイプが、レジャーのあり方を規定するという認識は、作用あるいは機能的な側面からの労働・レジャー関係の把握にとどまらざるを得なかったのである。

第八章　「知識社会」における余暇活動の特質

第Ⅱ部の諸章では、現代の労働が、物質的生産労働の時代とは異なり、精神的労働やサービス労働が支配的となる中で、労働者の精神的変革がどのように進んだか、そしてどのような労働疎外が生み出されてきたかについて述べた。本章では、このような労働をめぐる変化を踏まえ、余暇活動の変化との関係に焦点を当てて、その特徴を指摘しておきたい。

1　非物質的生産の発展と余暇活動

ドラッカーによれば、「ポスト資本主義社会」の生産性を決定する「知識労働」者の増大は、労働者の資質の根本的な変革の過程でもあった。既述のように、労働過程の変化に伴う精神的変革は、概して物質的生産労働の時代に比べて、次のよう特徴を持っていた。

第一に、精神的労働の発展に伴う精神的能力の高度化欲求である。それは一つには、置かれる状況・課題に関する各種の専門的知識の獲得欲求であり、あるいは、柔軟な発想を生み出す「感性やセンス」と「個性」の獲得に繋がる文化的欲求であり、さらには、課題の流動性に対応可能な汎用的知識とジェネリック・スキルの獲得欲求の発展である。

第二に、第一の欲求およびその成果とも結びつきながら、サービス労働の発展に伴うコミュニケーション能力、人間関係力の高度化欲求である。不断のマネジメント活動やコミュニケーションの実践は、他者の考え方や発想、感情の表し方を理解したい（理解できる能力の獲得）欲求と、自分の知識や考え・発想を的確に説得できる表現能力の獲得に対する切実な欲求を発展させる。

この二系統の資質・欲求は、相対的に独自であるとともに一体的でもある。あえてタイプ化するならば、精神的財貨の生産においては主として第一の資質が、物理的サービス労働においては主として第二の資質が求められるが、対人的な精神的労働という内実を持つ精神的サービス労働の場合には、その両方の資質が問われよう。そして、水準と形態の多様性を考慮しなければならないとしても、この種の精神的サービス労働がホワイト・カラー労働の中心であり、現代の労働者の多数派をなしている。

精神的サービス労働に要求される資質は、端的に言えば、精神的生産力としての課題に即した企画・構想力であり、これを他者とのコミュニケーションを通じて遂行する能力である。現代における典型的な労働を担うホワイト・カラー労働者は、その労働過程において、日々、この種の諸課題との格闘が求められ、労働を通じてその「内的自然」を変化させている。

したがって、精神的かつ対人的な労働における自己疎外、人間疎外の発展は、物質的生産の内実が物を介した人と人との関係であったこととの対比で言えば、人と人との直接的な関係の構築が焦眉の課題として現れることを意味する。第六章４で述べたように、「人間対人間の関係として労働が発展することは、労働疎外が物象的諸関係を媒介することなく、直接的に人間的な諸関係からの疎外として、つまり非常に鮮明な形での人間疎外として現れることを意味する」からである。これは、伝統的な各種共同的関係の解体と「個」への分解という事情と相まって、アイデンティティー危機の深化を、ある場合には各種の精神的病理現象を広範囲に引き起こす。

労働過程においてこうした状態に置かれた労働者は、職場から解放された余暇に何を求めるだろうか。消費手段の発展とも相まって、実際にはほとんど無限に多様な形態をとるであろうが、右のような状況から言えることは、意識的あるいは無意識的に、自己の精神的能力の発達とその表現の過程としての他者との交流、すなわちコミュニケーションへの欲求を増大させることである。余暇活動の多様化や高度化と言われる事態は、概してこうした欲求との関連を背後に持っている。

なかでも特に指摘しておくべきは、余暇における生命再生産活動（個人的消費過程）に含まれていた部分的過程としての「外的目的性」を有する諸活動（消費過程に内包された労働過程）が、個人的な消費活動という枠を超えた自立的な社会的活動として発展する傾向を強めることである。既述のように、「外的目的性」を有する合目的的関係運動は、「消費としての消費」活動とは異なり、共同の契機を内包している。日常的な労働の場で感性や個性、マネジメント力の発揮という課題に直面する現代の労働者は、余暇においてもそのような資質を有する者として立ち振る舞う傾向を強める。それは、例えば各種の協働のまちづくりやボランティア活動等への参加意欲の増大として現れる。

同時に、そこでは、生活全般における人間疎外からの脱出を意識的・無意識的に志向した人間的なコミュニケーションの実現、アイデンティティーの再生・確認欲求が社会的な広がりを持って顕在化せざるを得ない。しばしば中毒症状を呈するSNSを介した他者とのつながりの実現欲求などが、この種の普遍的な疎外の発展を象徴している。社会の権力者から見れば、こうした人間疎外の発展に対し、弛緩する社会的統合を達成するために、非市場原理の世界である伝統的なコミュニティや家族等への回帰とそこでの「絆」の強化を政策的にも喧伝することになるが、問題を解決する基盤はすでにそこにはない。

「無縁社会」におけるこうした人間疎外の緩和・克服において、「つながり」や「交流」型の余暇活動を通じた互いの理解と共感への期待は大きい。それは、グローバル化した世界においては、多様化し個性化した人間間における異文化コミュニケーションへの欲求とも言える。尾関氏は、次のように述べている。

コミュニケーションの人間的・民主的発展には、個性と共同性の十全な発展、すなわち、自己主張とともに相手の立場を推測・了解し、共感する力が必要とされる。……異文化理解を踏まえたコミュニケーションの発展とは、自らのコミュニケーション・スタイルをより人間的なものにしていくことと深く相関しているのである。（尾関、一九九五、一一七頁）

三浦展氏は、同じプロセスを消費論の観点から考察し、前世紀末からとくに明確となった消費の新しい流れを、「物ではない何によって幸せになれるのかを多くの人々が問う」ところの「第四の消費」の発展と捉えている。

第三の消費社会までは物の消費が中心だったが、第四の消費社会が発展していくにつれて、消費は、単なる物の消費から本格的な人間的サービスの消費へと変わっていくことはまちがいない。しかしそれは、単に金銭を払うことで一方的にサービスを受け取るのではない。消費を通じて、もっとお互いの人間的な関係を求める人々が増えていくであろうと予想されるのだ。（三浦、二〇一二、二〇四頁）

一方、各種協働活動への参加と言った成長型の活動とともに、労働疎外に伴う「不快ストレス」*の増大は気晴らし・享楽型欲求に基づく余暇活動をも発展させる。それは、交換価値原理によって類的存在としての自己が疎外されることに対する、自己防衛、逃避的あるいは退廃的リアクションとしての余暇活動の展開である。カジノの誘致に地域再生の展望を託そうとする発想は、この種の退廃的欲求の存在に依拠しビジネス化しようとする資本主義的政策衝動を象徴している。

欲求の両形態は、それぞれがこのように自立的な姿で現れるとしても、実際には多かれ少なかれ分かちがたく融合していると言えよう。つまり、余暇活動は多くの場合、程度の差はあれ、あるいは意識的か無意識的にかかわらず、疎外からの解放という要素を孕んでいる。だからこそ、既述のように、ひとつひとつを取れば具体的な成長型欲求であっても、同時に社会的「承認」や「自己実現」という抽象的な欲求として意識されることにもなるのである。

このように、賃労働としての労働過程が成長型欲求と気晴らし・享楽型欲求を生み出すこと自体は、資本主義社会における歴史貫通的な現象であるが、「知識社会」における余暇活動は、精神的サービス労働によって生み出される欲求の変化を反映し、この時期特有の内容と形態を有する実践として現れる。現実には、これらの諸状況が余暇活動の具体的な形態を単純かつ直接的に規定するわけではなく、あくまで余暇活動の一般的な背景として複合的・錯綜的に作用していくことになろう。ここで言えることは、「フォーディズムの時代」・「機械の時代」との対比において、「知識社会」特有の量的・質的に異なる新たな余暇活動の欲求が必然的に顕在化しつつあるということである。「無縁社会」・アイデンティティー危機が日常となる現代にあっては、余暇活動は、単に労働過程を補完する文字通りの余暇を超えて、人間性と人格を維持し発展させる上での不可欠な舞台として現れつつある。

＊　資本主義的労働は、それが人間性と能力の発展であるとともに疎外の発展でもあることから、基本的にはそれぞれに対応した二系統の欲求を生み出す。端的に言えば、成長型欲求と発散型欲求である。これはストレスの側面から見ると、やはり二種類のストレスを生み出す。ひとつは、自己の建設的な欲求の実現プロセスから発生するストレス（「快ストレス」）であり、いまひとつは疎外に対する自己防衛的な発散志向型のストレス（「不快ストレス」）である。自由時間における自由な実践活動の内容は、社会的にみて程度・濃淡の差はあれこの両面のストレスを伴う諸活動から構成されている（H・セリエ、一九八四）。

念のために付け加えれば、以上は、とくに精神的サービス労働に従事する労働者の一般的な傾向であるが、こうした機会への参加自体が多かれ少なかれ阻まれている不安定な労働者や構造的なジェンダー問題を抱える女性労働者においては、不安定労働・女性労働特有の労働疎外との日常的な格闘とそこでのストレスの累積がこれに加わる。さらに失業者の場合には、「労働が出来ないという……人間にとってこの上ない不幸と苦痛」（戸坂）に襲われるのである。

最後に、自由な余暇活動において、こうした体験・経験を多かれ少なかれ蓄積した労働者は、それだけ疎外状況に反発する感性を発展させつつ労働の場に回帰する。言い換えれば、労働は、程度の差はあれ余暇活動における種々の体験との比較において実践される。このことが、余暇活動を経由することを通じて、労働に「生き甲斐」「やりがい」への期待を不断に強めるであろうことは想像に難くない。

さらに、労働の外側での多様な欲求の体験は、ドラッカーが懸念しているように、労働の場での欲求を相対化・部分欲求化し、その分労働過程で必要とされる個別課題への集中を妨げる作用を伴う傾向も持つ。こうした事態は、「知識労働とサービス労働の生産性の向上」を阻害する可能性として現れる。

知識労働とサービス労働の生産性の向上にとって、最後の条件となるものが、仕事への集中である。物を作ったり運んだりする仕事では、なすべき仕事は明確である。……しかし、機械を必要とせず、あるいは必要としても、機械に仕えさせている知識労働やサービス労働の場合、生産性の向上には、成果に貢献しない雑事はすべて意識的に排除していくことが必要である。（ドラッカー、一九九三、一六三頁）

経営組織は、今では労働者をなによりもその個人の欲求に基づいて統合しなければならないにもかかわらず、労働者の欲求の多様化が組織的統合と衝突するというジレンマが生まれる。労働者を仕事に集中させるため経営者は、とくに高度な「知識労働者」については出来高賃金（成果給）等を活用して「やる気」を鼓舞しつつ、「大量失業」の恐怖を与えることによって「生産への動員と隷属」（ロルドン）をつくりだそうとする。しかし、「自由」に目覚めた個性的な労働者を組織に統合することは、日々困難さを増している。余暇活動がその直接的な原因ではないとしても、既述のように、自由な余暇活動は労働者を「違った主体に転化」し、「新たな主体として」拘束された賃労働に回帰させるからである。それ故、経営者の創意工夫にもかかわらず「人的資源管理」が失敗する可能性、すなわち、生産と消費をめぐる諸矛盾の拡大に伴って、不満の高まりにおいて労働者が賃労働者としての階級意識を強化する可能性もまた強まっている。

フランスの大衆的社会運動のブレーン的存在であるロルドンは、実際、現代では、「荒々しい緊張感が拡大」しているとして、次のような社会認識を示している。

> 資本主義による迫害の全般化はこれまで最も資本主義に深くコミットしていた賃金労働者にまで及び、彼らの物質的条件と感情的状況の「マルクス的」な再符合への傾向を促進しているように見える。つまり彼らは従来からの正統的賃金労働者階級に再び全面的に帰属する傾向に向かっているのである。結局、賃金労働者のなかの最も抑圧された層から始まった不満――資本はこの層に不満をおしとどめておくべきだったのだが――が階級的状況の一種の「再‐浄化」を行ない、本来の階級的風景の復活をもたらそうとしているのである。かくして同質的な階級が出現し、その延長上で資本主義に刃を向ける不満が歴史を再び前進させる条件が登場している。（ロルドン、前掲書、二三三頁）

こうして、経営組織にとって、労働者の「個性」化は、生産性を高める上で必要かつ必然的なベクトルであると同時に、諸刃の剣でもある。物質的生産労働が非物質的生産に主役の座を譲った感のある今日の時代において、相変わらず「労働問題と余暇問題はメダルの表裏」であることに変わりはないが、フリードマン、デュマズディエやパーカーたちが見た社会とはその内容は質的・段階的に異なっている。今日では余暇活動の経験がしばしば疎外と不自由からの脱出を、積極的な言い方をすれば幸福を求める労働者の意識を潜在的・顕在的に下支えしている。余暇活動の高度化・多様化は、そこまで進んできているのである。

2　余暇論その後

「知識社会」の出現、サービス経済化に伴う労働と余暇活動の劇的な変化は、一九七〇年代半ば以降、労働・余暇関係論としての余暇論にも大きな変化をもたらした。この変化について、A・J・ヴィールは次のように概括している。

（労働と余暇との―引用者）関係性は、一九七〇年代の初頭には重要だった。なぜなら、余暇は、研究の比較的新しい分野であり、新しく発見された「社会問題」だったからである。そして、西側社会において個人の「中心的生活関心」として、余暇活動が労働に取って代わるかもしれない可能性が、活発に議論されていた。労働時間の減少と余暇時間の増加という西側社会における数世紀にわたる傾向が反転し、多数の人々が「時間の圧縮」や「板挟み状態」そしてそれに伴う健康と幸福へのストレスや脅威という現象を経験し始めるにつれて、一九九〇年代には両者の関係性は、再び中心問題として現れることとなった。

それゆえ、労働・余暇関係という共通性にもかかわらず、二つの時期には違いがある。一九七〇年代には、労働・余暇関係は、豊かなレジャーの出現によって引き起こされた諸課題のために前面に押し出された。しかし一九九〇年代および現在では、中心となる課題は少なくともある人々にとっては余暇の欠乏の出現となっている。二つの時期におけるさらなる相違は、その間に新しい理論的な洞察と相当な実証分析のプログラムを含めて、労働とレジャー研究に関する顕著な進展が見られたことである。理論的な観点の領域と描くべき経験的な根拠の量は、それゆえ相当に変化した。（ヴィール、二〇〇四、三頁）

このように、産業社会から「知識社会」への転換に伴って、グローバル化など、資本主義および労働市場の環境・構造が大きく変化する中で、労働・余暇関係論が扱う領域もまた理論・実証両面で大きな変化を余儀なくされていく。全体として労働の内容が顕著に変化し、それに伴って余暇との関係も変化を余儀なくされる状況の出現は、論理的には、それまでの労働・余暇関係論を、実体的な本質論か、現象的な機能論のどちらの方向にも変化させる契機となりえるものである。しかし、ここでは結論的に言って、前者の方向への理論的深化はなされず、もっぱら「新しい理論的な洞察と相当な実証分析のプログラムを含め」た「労働とレジャー研究に関する顕著な発展」は後者の世界に限定されてきたように見える。

一例をあげよう。ヴィールは、新しく注目を浴びるようになってきた家事労働やボランティア活動について次のように述べている。

通常、労働は賃労働と考えられている。しかし、一九七〇年代半ば以降のひとつの重大な変化は、「労働」が賃労働にとどまらず、家事・育児労働とボランティア活動のある部分をも含んだものであることが強調されてきたことである。（同右、二頁）

ここでヴィールは、賃労働だけでなく家事労働などが「労働」範疇に加わったことを「重大な変化」として注目している。本書のスタンスから言えば、これらの諸活動は多くの場合、その本質において対自的な合目的的関係運動としての労働であった。問題は、それまで労働として意識されていない生命活動が、労働として意識されるようになる社会経済的な背景との関連を読み取ることである。それは例えば、家事・育児労働について言えば、女性の労働市場への進出によって、ジェンダー問題が新たな展開を見せることと相まって、現実の体験の中から「機会費用」の感覚が成長すると言った背景との関連である。

この点の判断はともかく、このような問題の発生は、そもそも労働とは何かについての根本的な再検討を提起する側面を持っている。しかし、ヴィールの研究に限らず、一連の労働・余暇関係論の観点は基本的に変化していない。C・ロジェックらは、ポスト産業社会論やポスト・フォーディズム論を、「カルチュラル・スタディーズ」の観点から積極的に展開し、そのこととの関連でレジャーの変化の分析を試みている（ロジェック、二〇一〇、J・クラーク、C・クリッチャー、一九八五）。しかし、そこでも労働と余暇との関係は、両者における様々な現象の諸断片を機能的に結びつける分析の枠組みを超えていないように見える。

余暇と余暇活動の本質把握は、賃労働の本質を把握することと不可分の関係にある。本書のスタンスから言えば、今日における賃労働の変化は、マルクスがその本質をすでに論じていた非物質的生産論を、労働論、ひいては資本主義論として発展的に展開できない以上、断片的で表面的な認識にとどまらざるを得ないものである。しかし、物質的生産主義にとらわれた「マルクス主義」と、これを前提とした「反マルクス」・「脱マルクス」論として理論的展開が試みられてきた事情が、今日の余暇（活動）論の限界を画しているという情景がここでも見え隠れする。

このことは、舞台を日本に移してもそのまま妥当する。というよりは、日本の余暇（活動）論の多くは、これまで例示してきたような世界的議論に――肯定的に紹介することはあっても――ほとんど批判的な検討を加えることなく、もっぱら実証的な研究に終始しているように見える。だとすると、過労死を当たり前とするような余暇後進国では、その限りで余暇論もまた後進的である。パーカーの著書の翻訳者である野沢浩氏は、一九七〇年代初頭当時における日本の余暇研究の状況について次のように述べていた。

わが国の最近の時短ムードや労務管理論や余暇などが、労働過程の考察を捨象したままで一面的に余暇の導入手法だけを説いたり、余暇イコール娯楽と理解しながら専ら風俗としての娯楽だけを扱ったり、時短の功利的な効果のみを浅薄に宣伝することで終ったりしている状況をみつめていると、労働との相関関係を忘却したこのような時短談義や余暇論は、どうしても批判せねばならないのである。原著は、このような批判のための足がかりを与えてくれるだろう。……きわめて哲学的な洞察に貫かれた概念構成の仕方は、情緒や無原則に流れやすいわが国の時短論議や余暇論に対し、論理的にはかなり鋭い刺激となるはずのものである。（野沢、一九七一、二三三頁）

日本の余暇論に対する野沢氏のこのような評価は、管見の限りではその後ほぼ半世紀を経た今日においても基本的に妥当する。「論理的にはかなり鋭い刺激となるはず」という野沢氏の期待にもかかわらず、現実的にはそうはなってこなかったのが実情であろう。

しかし、ひとつの象徴的な傾向だけをとりあげておこう。それは、日本では、余暇研究の側からではなく、労働の管理に実践的に日々直面する経営側（学術的には「人的資源管理論」等の領域）から労働・余暇関係の変革に関する積極的な問題提起が試みられていることである。通産省（当時）が監修し、㈶余暇開発センターが編集したレポート『時間とは幸せとは──自由時間政策ビジョン』はその一例である。

非常に興味深いことは、本レポートでは自由時間は労働を含む「すべての時間」に関わるものとして把握され、「豊かさのための労働から幸せのための労働へと目標が変化する中」で、「遊び」と労働の同質化が基本認識として強調されている。

人間にとって遊びは、まじめとふまじめ、あるいは善悪の対立を超えた根源的な生の範疇であり、社会や法を生み出す原動力である……。このような意味で「楽しみとしての労働（play）」は、ふまじめな仕事の仕方を意味しているのではなく、より生の根源に近いところで仕事をしようとする方式を指しているととらえることができる。（財団法人余暇開発センター、一九九九、五三頁）

労働と遊びを「根源的な生の範疇」とみるこのような認識は、一見、マルクスの人間・労働観と同じように見える。*しかし、あくまで資本・賃労働関係を前提とする次元でその可能性を論じている点で、内容的には根本的な相違がある。

自由時間の旧定義は、管理社会的生活の強い社会では有効である。なぜなら、そうした社会では余暇の中でしか自由を得られないからである。余暇時間こそが自由時間であり、両者は同義であった。ところが、労働や教育、家事やケアといった活動自体が自由に選択でき、また自由にデザインできる社会では、それらの活動の時間が自由時間ではないとは言い切れなくなる。（同右、四三頁）

つまり、これまで労働＝被管理・義務、余暇＝自由として特徴づけられてきた社会は、今日では労働の中にも自由があり、自由の中にも管理があるというように、その境界線が相対化されてきている。これは、人間のあらゆる活動を横断して、幸せとそれ以外を区分する基本的な指標を、時間と活動に対する自己「管理」の有無におく立場である。そして、ある条件が整えば労働の自主管理的側面が強まり、労働における自由が広がることによって労働と余暇の同質化が実現すると見ているわけである。

自主管理の徹底という点を論理的に突き詰めると、このことは市場経済と雇用労働を否定することに行き着くことにもなる。実際次のように、本レポートでは論点として、「貨幣経済循環」と「非貨幣経済循環」との関係にまで踏み込んでおり、「自由時間活動の非貨幣経済活動としての側面が今後ますます強化されよう」と予測している。

商品経済と貨幣経済の発展はほとんどすべての人間の活動分野を包摂しつつあり、あたかも万能であるかのごときであるが、人間活動の精神的な側面、知識活動的な側面が拡大し、また貨幣経済的な分業が行き過ぎた面が反省されるにつれて、自作や手づくり、在宅ケア、自己啓発、家庭教育、ボランティア、相互扶助、環境にやさしい消費といった家庭内での生産・投資やコミュニティ活動の非貨幣経済循環が再度注目されている。労働と余暇の関係のように貨幣経済循環と非貨幣経済循環はこれまで対立的にとらえられてきたが、実は相互に補い合うとともに、適切に組み合わせれば全体としての効率も大いに向上するという側面を有している。二一世紀の経済循環はこうした貨幣と非貨幣の経済循環が緊密に重合したものとなろう。自由時間活動の非貨幣経済活動としての側面が今後ますます強化されよう。（同右、五五頁）

この議論をあくまで資本主義の枠内で本格的に展開しようとすると、ドラッカーのように「ポスト資本主義」論と

＊　尾関氏は、「マルクスの思想は、あらゆる人間活動を『労働』へと収斂させていくようないわば労働一元論的な思想とは無縁である」として遊びとの同質性を論じている。（尾関、一九九二）

結合しなければならないであろう。すでにその点は踏まえてのことかも知れないが。ともあれ、ここでは、今日の労働の場においては、労働者の個性の尊重や主体性の実現が重要な課題となっていることから、本来の自由時間における余暇活動との関係を把握することが、経営サイドの切実な問題意識を喚起している事実に注目しておきたい。

第九章　「企業中心社会」における余暇活動の展開

1　「企業中心社会」の発展と余暇活動・観光

第二次大戦以前の日本社会は、人口の多数が農村部の居住者であったことからもわかるように、基本的にいまだ農村中心の社会であった。しかも、農民の大部分は「寄生地主制」と呼ばれる封建色を残した（身分的な関係を含んだ）社会関係の下にあったことからすれば、資本主義社会において支配的な土地所有形態となる「近代的土地所有」以前の所有関係に甘んじていた。

第二次大戦という破壊的な時代を経て、戦後の日本では新しい憲法が制定され、農地改革や財閥解体などの一連の民主化政策が断行された。経済と国民生活の点で見ると、食糧不足など基本的な社会生活が困難を極めた一九四〇年代後半の混乱期がまずあり、その後「朝鮮戦争特需」によって経済の目立った回復が開始されたものの、一九五〇年代前半までの時代はおしなべて戦後処理の時代であり、戦後復興期として一括できる特殊な過渡期であった。

社会的混乱への対応と雨露を凌ぎ生きていくのに大きな精力を割くことを余儀なくされた時代は、余暇を積極的に楽しむ余裕がない時代である。しかし、それが故に逆に余暇活動を必要とした時代でもあった。ラジオ、大衆芸能、映画などの鑑賞が日常のささやかな楽しみとして復興し、年に一、二度程度行われる職場の「慰安旅行」や運動会は人々の大きな楽しみであった。石川弘義氏は、当時の時代状況について、次のように述べている。

生きることに、食べることに追われていた庶民にとって、やはり息抜き、楽しみは必要だった。いや、むしろそういう時代であったがゆえに、そういうものへの要求は根強かったのかもしれない。(石川、一九七九、二八頁)

こうした過渡期・混乱期を経て、戦後の日本社会の原型が形作られ、それに伴って余暇活動が本格的に発展を開始するのが一九五〇年代後半以降の、いわゆる高度経済成長期である。「定年」までの期間、同じ会社に勤める「終身雇用」および年齢とともに職階を順次辿っていく「年功序列」制度を特徴とする「日本的経営」が広範に発展していくのはこの時期においてであり、「企業中心社会」は一九七〇年代後半から八〇年代前半において確立し、その頂点に達していく。

戦後復興期にすでにその萌芽が見られた「慰安旅行」等の余暇活動は、この過程で企業の福利厚生活動の一環として広がりを見せた。同時に、経済の復興とともに次第に個人や家族を主体とする各種余暇活動も拡大したことは言うまでもない。

こうした余暇活動の発展は、労働時間と「自由時間」との分離という観点からは、「サービス残業」や「過労死」を社会現象として引き起こす長時間労働と、その反面としての短い「自由時間」の対立という矛盾関係の発展を生む。このことが問題の重要な側面であるとしても、日本における生活過程の矛盾は、これとは異なる固有の特徴を持っていたことに注意したい。

第三章で述べたように、資本主義社会における「外的目的性」を有する労働は、一般的には賃金労働者にとっても労働疎外を孕んでいる。しかし、日本の「企業中心社会」は、主観的には労働過程が外的で強制的なものとしてではなく、しばしば企業の発展とその目的の達成と利益の享受が、自己の目的に沿った過程として観念された。やや極端に表現すると、「仕事人間」「ワーカホリック」「エコノミック・アニマル」等々と揶揄される姿で遂行される労働過程は、「外的強制」が自らの目的と一体化される限りで、あたかも労働疎外から解放された自由な意志に基づく活動のごとく現象する。ゆえにその限りでは、労働と余暇活動との間に区別は生じない。それは、この歴史的タイミングにおける特殊な社会構造の下で高度経済成長を遂げた資本主義社会における、つかの間の蜜月である。こうしたいわば「擬似的」余暇活動の展開が労働時間の短縮、および本来の余暇活動に対する欲求をそれだけ潜在化させたのであり、一方では「長時間労働」を顕在化させる社会的な基盤となった。

このような欧米先進諸国には見られない当時の日本社会が持つ独特の精神構造は、日本社会がたどってきた後発的な歴史的プロセスに由来する。なかでも決定的であったことは、急増する都市住民、賃金労働者の大多数が、農村から都市への人口移動によってまかなわれたことである。しかも、農村人口の多くは、イギリスの独立自営農民などとは異なり、独立性を持たない貧困かつ隷属的な小作農であったことである。このことは、都市住民＝新興賃金労働者の多くが、寄生地主制が支配的だった第二次大戦以前の農村の生活感・生活文化を多分に継承したことを意味する(家永三郎、一九五四)。それは、さしあたり次のような特徴を持った精神的・文化的な諸性格である。

①自らが属する共同体（集団）への埋没（近代的個人主義の欠落）
②自らが属する共同体以外の世界に対する排他性
③支配者・権威に対する従順性、屈従性
④貧困に規定され「食」など基礎的生活面での欲求充足を第一義とする「反文化主義」
⑤以上の諸要因に規定された勤勉性

こうした精神文化を基盤とする労働者が企業に組織化される時、伝統的な共同体アイデンティティーがほとんどそのまま企業アイデンティティーに転化し、企業の目的が自己の目的と統合・融合されることは自然な成り行きである。「読み・書き・そろばん」において高い水準の知的能力を備えつつ、卑屈なまでに従順な勤勉性を有すること、「反文化主義」的で余計なことがらに関心を示さず、何よりも物質的な豊かさの実現にハングリーなこと、こうした精神構造を持つ大量の労働者の供給こそが高度経済成長の基盤であり、それは「企業中心社会」の発展という形態で実現していくのである。競争はあるがそれが「青天井」の競争であり、終身雇用と年功序列という枠と「土建国家」「開発国家」の「護送船団」態勢がその成長を促進する、いわば「ジャパニーズ・ドリーム」とでも言うべき目標（さしあたり所得の向上とマイホーム）を実現するための出世競争であった。

「男＝仕事、女＝家庭」という性別役割分担の社会では、以上の過程はおしなべて男が担った。一方、この過程に踵を接して発展し、「仕事人間」を、ゆえにまた「企業中心社会」を支えたのが「核家族」の広がりであり、その管理者となった「専業主婦」の増大であった。

非賃金労働者としての主婦にとって、市場原理と直接関わる外部化生活過程は存在しない。その限りでは賃金労働者としての労働時間がない。これに代わって、家事などの「必需時間」が実体としては「自由時間」と対比されるところの労働時間として現れるが、その場合でも賃金労働者におけるのと同じ意味での「外的強制」に伴う労働疎外はここにはない。しかし、夫への経済的従属という形態で生活手段の所有からは疎外されており（これは典型的には離婚の自由からの疎外として現れる）、その「目的性」(自己が所属する集団の目的と自分自身の自己目的）は夫の生活・労働の維持（これはすなわち「企業中心社会」の下部構造としての「家族」である点で夫の「外的目的性」を間接的に共有する）と子育てを含む「家族」の目的に一体化され、その意味で「家族共同体」に埋没した。「女＝家庭」という社会通念の中で、主婦の生活が「家族共同体」におけるアイデンティティーの内部で展開される限りにおいて、やはり主婦の仕事（家事）そのものが余暇活動に通底する主体性を強く帯びた生命活動としての一面を持っていた。過渡的形態であるとは言え、労働と余暇が融合しているというこの日本的特質は、逆に家事を労働として観念することのハードルの低さにも繋がる。このことは、欧米諸国に比べて女性の労働市場への進出が遅れた日本において、なぜ「家事労働」という観念が比較的早期に受け入れられたか（第三章4）という事情の一端を説明している。

あえて、男女の置かれた状況の違いという点について述べるならば、男性の労働時間と女性（主婦）の家事従事時間とを対比した場合、前者の長時間労働が持続し、場合によってはさらにその傾向を強めたのに対して、後者は耐久消費財を含めた各種の消費手段の発展によって、かなりの程度に時間の節約（ゆえに自由時間の増大）の可能性が拡大したことである。その結果、夫への経済的従属という枠の中ではあるが、妻の生活における余暇活動の比重が拡大し、その人間発達の機会を豊富化する傾向を持つことになった。象徴的に言えば、文化の主たる消費者は、男性ではなく女性となった。

2　余暇活動の発展と「企業中心社会」の揺らぎ

七〇年代後半から八〇年代前半にかけては、右に見てきたような「企業中心社会」がさらに発展するベクトルと、これを浸食する逆のベクトルが日本社会の胎内で成長する時代である。こうした新しい動きを規定したもっとも根本的な背景は、第一に、高度経済成長が終焉し「低成長」がこれに取って代わったことであり、さらに「企業中心社会」的な「擬似的」余暇活動ではない本来の余暇活動が着実に成長してきたことである。

「企業中心社会」を支えた「終身雇用」制度は、基本的にはＧＤＰと企業業績の顕著な増大の下での雇用の維持と拡大を前提条件とした。ところが、第一次石油ショックを契機として、公共投資と金融緩和というそれまでおきまりのパターンの景気刺激策によっては事態は改善せず、「スタグフレーション」という慢性疾患が日本経済に取り憑いた。企業は、解雇・「リストラ」によってコストを引き下げるか、なんとか解雇を避けるとしても、新規採用は大きな落ち込みを余儀なくされ、そのしわ寄せは何よりも新規学卒者・若年層に集中した。あるいはまた、この苦境を「集中豪雨」的な輸出や膨大な公共投資というカンフル剤を駆使しつつ、そこにも吸収されない過剰流動性は金融市場になだれ込み、企業収益は金融収益への依存を強めた。

高度成長期のような青天井の成長がない中でのサバイバル競争の発展は、必然的に「勝ち組」と「負け組」への経済・雇用の二極分化をもたらす。すなわち、一方では引き続き、というよりはこれまで以上に企業に忠誠心を持つ「会社人間」が再生産され、同時に他方では、こうした出世軌道から脱線する人々が増えるにつれて、仕事ではなく、個人生活に重きを置いた価値観が台頭した。象徴的な言い方をすれば、「企業戦士」（中年以上世代中心）と「新人類」（若年世代中心）への二極分化である。

「外的目的性」と「自己目的性」が主体的な活動として一体化した「会社人間」に対して、仕事から疎外され、概して目的・成果を企業と共有できず、仕事に強制感を有しがちな「新人類」においては、両者は分離する。こうした労働者の登場は、近代化が進むことの一つの指標である。古い要素を基盤とした日本独特の形態での特殊な経済成長は、資本蓄積と雇用の壁に直面し、雇用を流動化・不安定化させる段階に至って自らの構造を破壊し始めた。サバイバル競争の激化は、「会社人間」の道を歩む人間にとっては会社に対するいっそうの忠誠心から、これまでにもまして労働過程にエネルギーを集中させたであろうし、「新人類」は不安定化する労働市場に生活が翻弄される。競争を乗り切るための長時間労働・労働強化の圧力は、肉体的・精神的なストレスを強めることによって「過労死」を社会現象化させた。今日の「ブラック企業」問題のプロローグである。

図9-1は、会社への忠誠心に関して、二〇〇六年に公表された現役勤労者に対するアンケート調査の結果を示し

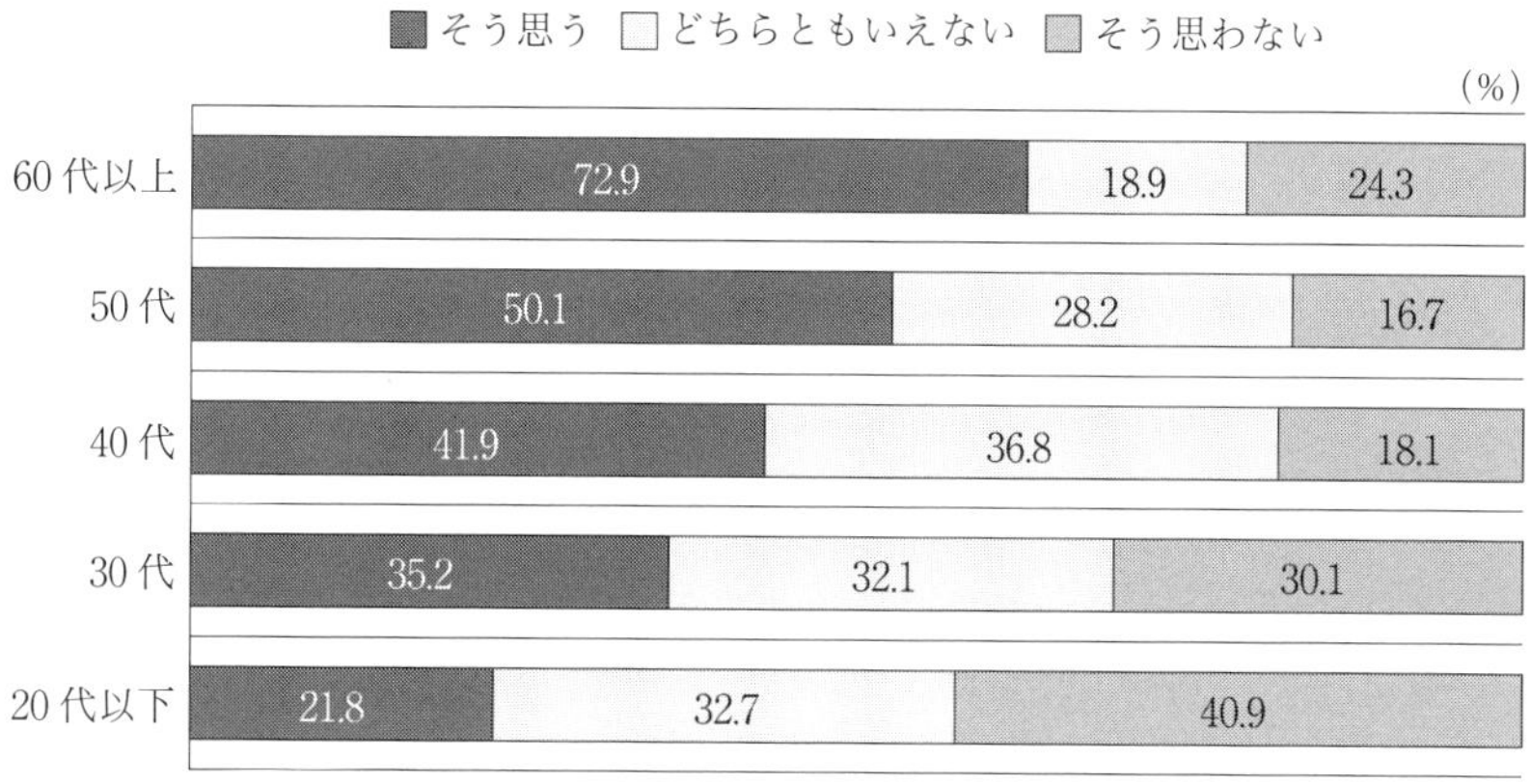

資料：労働政策研究研修機構『変革期の勤労者意識』(2006)。
出所：『国民経済白書』。

図9-1　会社に尽くそうという気持ちが人一倍強いか

ている。高度経済成長期から低成長期にかけて労働者の中心舞台を形成したのは五〇代以上の階層であり、これらの下層では今なお「尽くす」という表現で「会社人間」であることを自認している勤労者が半数を超えている。これ以降の世代では、「新人類」と言われた世代でこのカテゴリーが初めて半数を割り、それ以下の世代では「そう思う」層が減っているだけでなく「そう思わない」層が著しく増えていることがわかる。こうした事実は、一方における「企業中心社会」の根強さと、他方におけるその着実な解体の両面を示している。

高度経済成長から低成長への移行が、労働過程における疎外を擬似的に解放した「企業中心社会」の存立基盤を直接脆弱化したとすれば、分離された余暇において外から両者の分離を促進したのが企業の外側での余暇活動の発展である（橘木俊詔、二〇〇五）。とりわけ、テレビやマイカーの普及がこれを象徴するところの、個人や家族が「自由」な人間活動の単位となる状況の飛躍的な発展は、企業活動の一環として行われる余暇活動と基本的に競合する性格を持っていた。終身雇用が動揺するに従って、そこから外れた部分を中心に労働過程における疎外感が強まることは不可避であり、したがってまた、「個人生活」の優先感が広く社会的意識として広がることも避けられない。
『国民生活白書』によると、会社員が余暇を誰とすごすかという問いに対して、「会社以外の友人」をあげた人の比率は、一九七〇年からの二〇年間ほどの間に二〇％以上高まり、九〇年代に入ると六〇〜六五％のレベルに達した。このことの一定部分は、家族の解体・縮小（単身世帯の増大）による「家族と過ごす」時間の減少も一役買っている。しかし、主要な原因は、会社内における人間関係の希薄化である。会社の一体性の象徴でもあった会社中心の人付き合いは、この期間にすっかり逆転した。

絶頂期を迎えたかのように見える「企業中心社会」は、こうしてその深部においてこの外皮を突き破ろうとするマグマが蓄積され、バブル経済を経たその後の一九九〇年代において、「個人優先社会」（例えば第一三次国民生活審議会基本政策委員会中間報告「個人生活優先社会をめざして」）という表現に、少なくとも目指すべき方向としては席を譲っていくことになる。

一方、「企業中心社会」から疎外され、「個人優先生活」へとシフトする社会の変化は、当然のことながら男社会としての「企業中心社会」を支える役割を持って成立していた「家族優先」の女社会にも根本的な変化を迫るものであった。夫を介して女性と社会をつないでいた「企業中心社会」の揺らぎは、「主婦」にとっては、間接的であるとしても家庭生活の範囲を超える社会的関係（社会的アイデンティティー）の喪失であり、この空白はこれに代わる何かで埋められなければならない状況が生まれた。

それだけではない。サバイバル競争が強制する夫の収入の不安定化は、妻もまた家族の外側での「外的目的性」を有する新たな関係、何らかの雇用関係の下で労働過程に参画する指向性を強めた。電子レンジや各種耐久消費財の普及による家事労働の効率化、外食・中食の発展による家事労働の社会化は、女性・妻にとっての労働時間を減少させる可能性を拡大することを通じて、あるいはこれらに対する購買意欲の高まりを通じて、この傾向を促進した。かくして、まずはパートを中心に、後には常勤雇用まで含めて、女性の社会進出が着実に進展していくことになる。

ここで、経済的な必要からパートに出る主婦は、その限りでは可能性としての「自由時間」の拡大が市場の中で現れる労働時間に吸収されることを意味する。これとは異なり、夫が「会社人間」にいっそう純化してく場合、その結果として経済的に安定した所得階層の主婦であれば、各種の地域活動や観光などの余暇活動への参加のチャンスが増えることにもなろう。これは閉鎖的な家族に沈殿せず、女性が直接社会と接触する機会の増大となる限りで、女性自身の社会的な余暇活動の新たな獲得を意味するものであり、こうした活動を通じて形成される妻の価値観は、しばしば会社と労働にすべてを捧げる夫のそれとは相互理解困難なギャップとなって顕在化する。「家庭内離婚」(林郁、一九八五)の下で、「亭主元気で留守がいい」(一九八六年の流行語)状況が広範に生まれていくことになる。

こうして、「企業中心社会」においては企業活動に内包されていた余暇活動が、次第に個人に基礎を置く自立的な余暇活動に置き換えられていく過程が進行した。すなわち、労働時間と「自由時間」は、両者の分離・自立化とともにしだいに対立的な関係へと転化し、矛盾を深めていく。長時間労働、裏を返せば休暇・休日の少なさは、余暇活動に対する社会的欲望が発展するほど、ストレスの原因、自身の自由に対する大きな障害として意識されるようになる。

ちなみに、この時期の余暇活動の発展について特徴的な点のみ指摘するならば、以下の諸点である。

①「リゾート法」(総合保養地域整備法)による大型レジャー施設の開発等に象徴されるところの、余暇活動手段の市場を通じた膨大な供給

②移動手段、とくにマイカーの増大や高速道路の整備に伴う国内観光の発展

③円高の進展を背景とした海外旅行の増加(図9-2)

とくに指摘しておかなければならないことは、移動手段の顕著な発展に伴うモビリティーの高まりが、相対的に遠隔地域(とくに海外)への空間移動を伴う余暇行動を格段に発展させたことである。観光は、非日常空間への余暇活

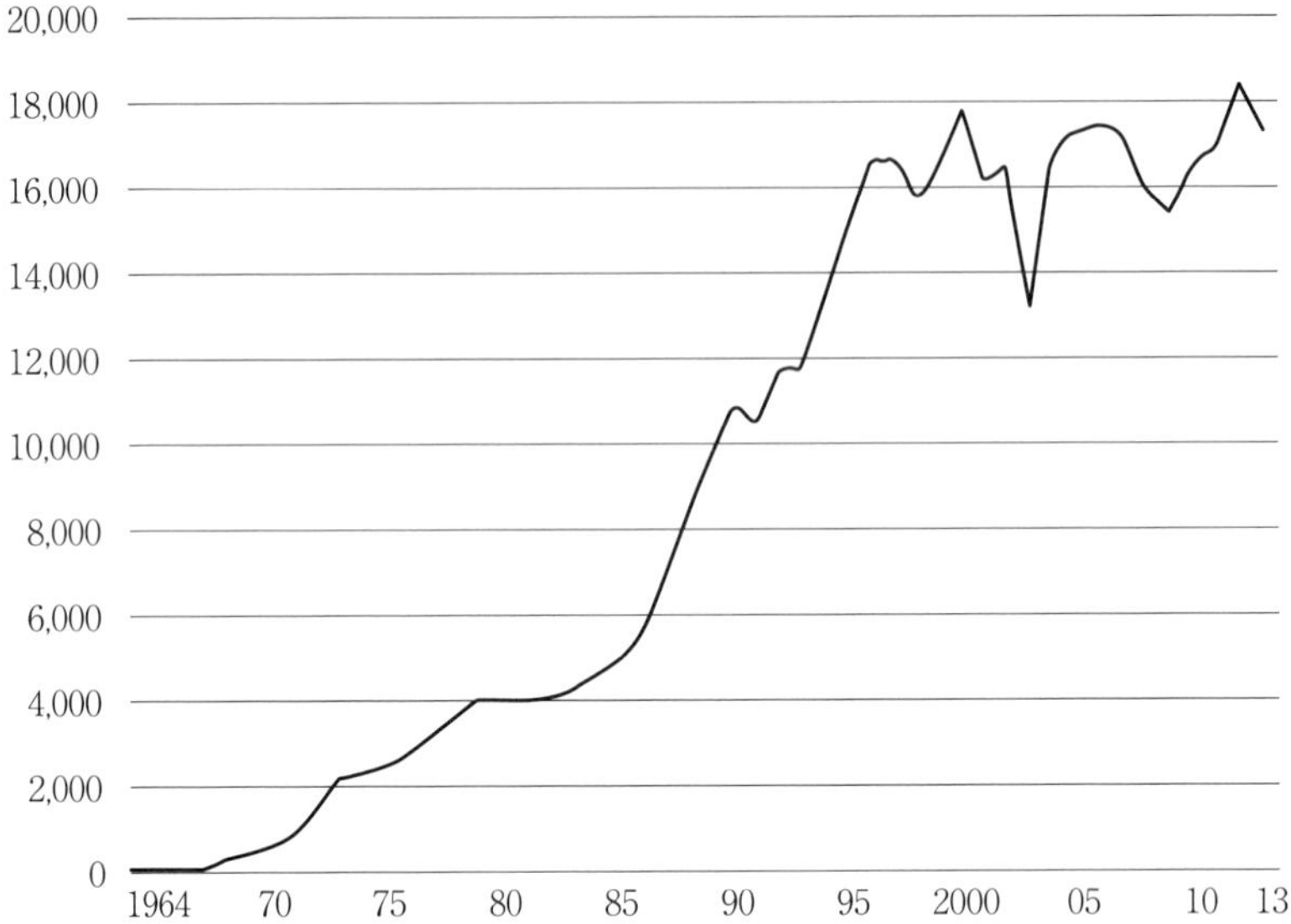

資料：法務省「出入国管理統計」

図 9-2　海外出国者数

動の外延的拡大であり、所得や交通手段の発達を条件として本格化する点では、余暇活動の高度な発展形態である。余暇市場が本格的に展開するその時期は、余暇活動が観光を頂点として新たな構造に飛躍する時期となり、ここから観光は社会経済舞台における押すに押されぬ主役を演じることになっていく。

そして、言うまでもなくこれらの過程はおしなべて余暇活動の商品化・市場化の過程として進行した。これはこれで一つの矛盾の発展を意味する。既述のように、主観的に自由な余暇活動が、客観的にはしばしばレジャー産業の利潤原理に適合的な活動として展開するという二重の側面を持つということであり、後者が活動を規定する限りにおいて当該余暇活動は、環境や文化の破壊、退廃化など、たえず新たな人間疎外を体現した人間の発達を「拘束」する活動に転化する。

3 脱「企業中心社会」化と余暇活動・観光

グローバリゼーション自体はこれ以前の時期においても見られた現象である。両時期を画するのは、「冷戦」構造という歪な枠を残した中でのことであるが、先進資本主義国を中心とする個々の資本主義国家におけるケインズ政策の下での発展が、貿易や資本流出入を通じて互いに影響を深めつつあった時代から、文字通りの単一市場としての世界経済が発展する中で、世界市場が個々の国家の社会経済の動向を規定するような時代に移行したことである。

同時に指摘しなければならないことは、この過程が資本主義諸国の顕著な不均等発展を伴って展開したことである。とりわけ、中国、韓国をはじめとする東アジア、東南アジア諸国、またロシア、インドや中近東、ブラジルなどの南アメリカ諸国など、戦後発展途上国あるいは冷戦時代に「社会主義」国と呼ばれてきた諸国の経済成長は目覚ましく、欧米先進諸国や日本の相対的な地盤沈下と好対照をなした。

以上の事態は、前期に現れていた諸現象・諸矛盾が、空間的には世界規模で展開されるということ、その内部においては先進諸国の余暇活動・観光のある意味での成熟化、発展途上諸国における余暇活動・観光行動の顕著な拡大として現れることを意味する。

まず、先進国を中心にグローバル観光が当たり前の時代となってきた。社会的経済的諸条件の発展と相まって、実際にそれを五感で体験しようとする（単なる「物見遊山」とは異質な）観光への欲求が高まる。

観光とは、端的に言えば非日常空間における余暇活動である。余暇の大衆化（マス・レジャー）を基盤としつつ観光の大衆化（マス・ツーリズム）がその上に躍り出てくる（前田勇、一九九五）ことになるのは、後者の発展が、交通手段と観光者のアフォーダビリティの一定の発展に条件づけられているからである。概念としてみれば、余暇活動は観光行動を包摂するが、現実の自由な活動は、余暇活動から空間の制約を取り払っていくことを通じて、余暇活動の内容にそれまでには見られなかった質的な高度化と社会的インパクトをもたらしてきた。

非日常空間が余暇活動の対象となるのは、第一に空間が非日常性そのものによって鑑賞や体験の対象となるからである。第二に、とくに人間の諸活動が営まれ切り離しがたく対象化された社会空間においては、これに非日常空間で生活し活動する人々とのコミュニケーションが程度の差はあれ付加される。一般的に言ってフレンドリーな新たな出会いそのものが人間の生活を豊かにするものであるが、方言から異言語に至る異文化との出会いはこれを非日常空間において社会的な規模で体験する機会となる。この時期における観光の顕著な発展によって、こうした観光のインパクトをグローバルな規模で登場させることになり、国境を越えた異文化コミュニケーションが多くの人々にとって現実的な体験機会となった。グローバル化した現代社会においては、観光は個人が人類であり、類的存在、普遍的人間であることが体験され確証される一大プロセスである。ついでながら、このような意味において、「観光は平和へのメッセージ」（国連）なのであり、現代の観光は、偏狭なナショナリズムによる敵対的な戦争やテロリズムを抑止する点で、その社会的基盤を創成するという重大な社会的意義を体現している。

そのような内容のものとして、量・質両面で社会と経済における観光の意義が高まった。製造業が空洞化の度合いを強め、経済成長が鈍化した先進諸国にとっては、第三次産業、とりわけ海外からのインバウンドの増大を当て込んだ観光産業の発展が、一方では開発途上諸国、とくにこの時期においても華々しい経済成長から取り残された諸国においてはやはり観光開発が、それぞれ死活の問題として現れたのである。日本は、いうまでもなく前者の典型例の一つであり、「観光立国」政策が国の基本政策として政府によって唱導されるに至る。富裕層を当て込んだカジノ誘致や「医療ツーリズム」から貧困層や高齢者を射程とした領域まで、いわば余暇生活の隅々まで市場競争原理が押し寄せている。

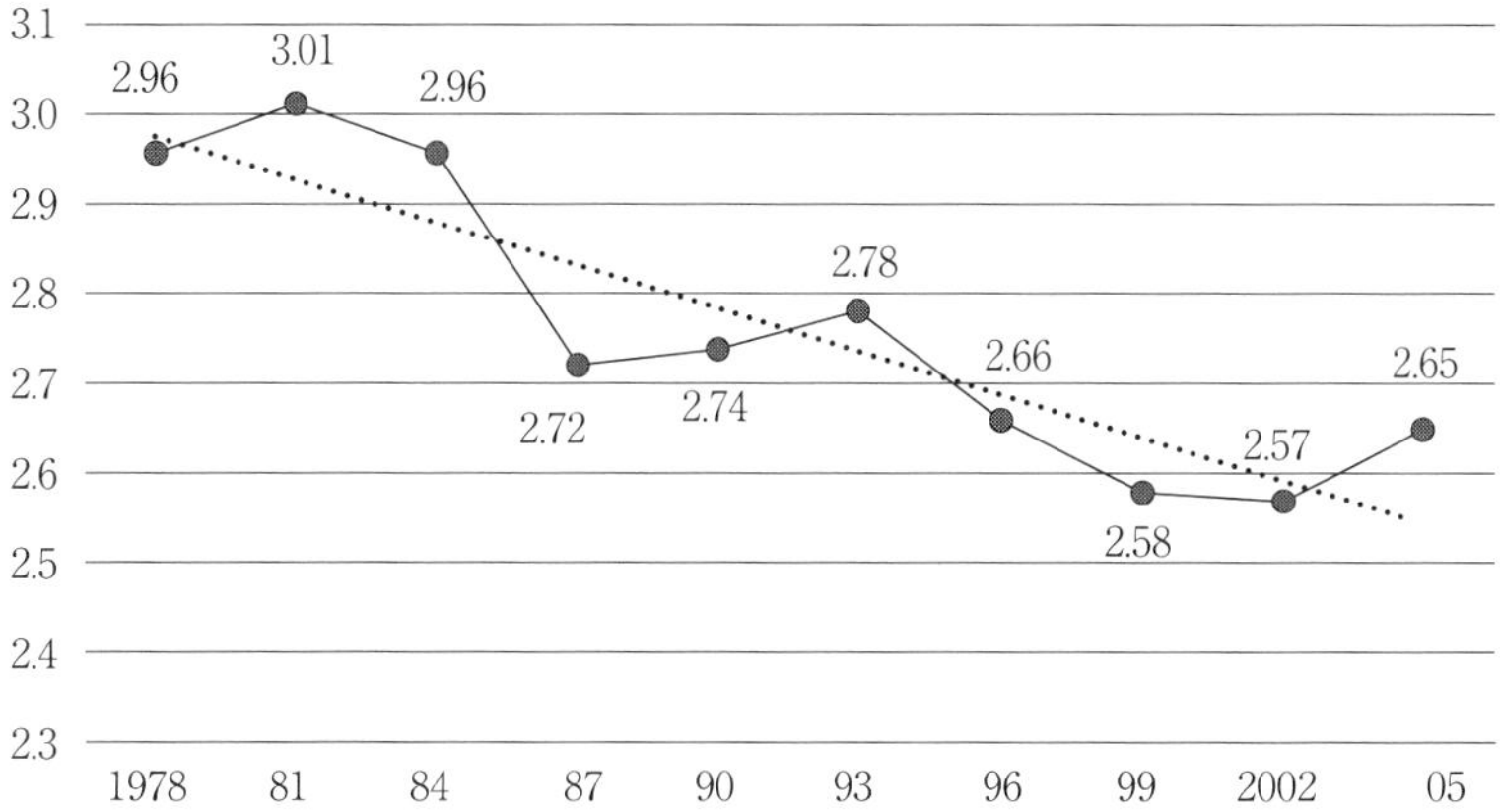

資料：内閣府『国民選好度調査』。
出所：『国民経済白書』2007 年版。
注：5 段階評価の平均点。

図 9-3　「仕事のやりがい」度の変化

日本の問題を検討するに当たってとくに重要なことは、こうしたプロセスが伝統的な意味での「企業中心社会」をいっそう脆弱化させつつあることである。すなわち労働時間の面では、派遣労働者をはじめとして不安定雇用が急増し、労働者の多数を占めるに至った。これらの労働者にとっては、もはや企業活動における「外的目的性」に自己のアイデンティティーを見いだすことはほとんど絶望的なまでに困難となった。格差拡大が貧困層を増大させ、失業という形で労働時間からさえ疎外される人々が増える中で、とにもかくにも安定的な就労機会の確保が優先されなければならない。「生産への動員と隷属」（ロルドン）の意識が進む。

図9-3で明らかなように、仕事のやりがいを五段階評価で自己評価した場合、八〇年代前半までは三・〇近辺のレベルであったものが、その後着実に低下し、世紀をまたぐ頃には二・五をやや上回る水準にまで低下した。つまり、この時期に労働疎外が着実に進行し、社会生活の息苦しさが増していくことを読み取ることができる。

発展する成長型欲求と同時にこうした不安心理に覆われた社会状況は、「自己啓発」への関心を高める。出版科学研究所は、自己啓発書を「個人の生き方や方向性を明確に示す指南書」（宗教書を除く）と定義し、このジャンルに属する書籍のベストセラーにおける比率を公表した。それによれば、単行本の年間売り上げトップ三〇のうち、一九九〇年代前半では、一～四冊であったものが、九〇年代後半から増加傾向となり、二〇〇〇年代に入ると毎年一〇冊前後（二〇一四年には過去最多の一五冊）で推移しているという。それは、例えば「嫌われる勇気」、「幸せになる勇気」、「やり抜く力」、「世界のエリートがやっている最高の休息法」（以上ダイヤモンド社）、「一生使える脳」（ＰＨＰ新書）、「ライフ・シフト」（東洋経済新報社）というような、不安な現代を生き抜くためのタイトルを冠した書籍群である。これらの書籍は、おそらくは業務としてではなく、任意に購入されたものであろうし、だとすれば、余暇活動として消費されているものである。同研究所はこうしたブームの背景を「社会が急速に変化し、未来は見通せなくなっている。将来に不安を感じ、自分を高めることで乗り切ろうという考えが広がっているのではないか」と分析している。（『日本経済新聞』二〇一八年一月九日、電子版二月二七日付）

しかし、こうした社会的矛盾を引き起こしつつ、市場社会は総じて余暇活動・観光に対する人々の欲求、社会的欲求を増大させずにはおかない。この欲求の実現は、少なくとも主観的に「自由」な主体的活動として行われる機会を増大させるだけでなく、現実に「自由」な活動の経験を蓄積する。市場に誘導されるという形態をとってではあるが、その内実においては「自由」な「外的目的性」を有する活動と「自己目的性」を持った生命の再生産活動の内容を明らかに豊富化している。

それだけではない。歴史が現在に近づくほど、「外的目的性」を持った余暇活動が顕著に発展してきたことに注目したい。つまり、息苦しさを増す労働過程に対して、人々は会社の外側での「労働」を展開しつつある。各種ボランティア活動への参加は、こうした傾向を象徴する動きである。これらの事実は、労働過程において疎外が強まっている反面で、自由時間の領域において「外的目的性」を有する生命活動が発展していること、とくにまちづくりや各種ボランティア活動のような協働的活動の発展を示すものに他ならないし、その一定部分には企画・管理・実行から成果の享受までも含んだ自己完結的な諸活動が含まれている。

「企業中心社会」の時代には、余暇活動が企業社会への統合を通じてある意味「自由」な活動として内包されていた傾向は、「企業中心社会」の脆弱化と歩調を合わせるように、現代では自立的な余暇活動の領域にシフトしてその姿を顕在化させつつある。そして、これはこれで労働過程に反作用し、人々の労働過程における疎外への感度を引き上げざるを得ない。不安定化し、流動性を増した労働者も、傾向としては絶えず労働の質・内容に敏感になるのであり、ゆえにまた失業するリスクを抱えながらも、「やりたいこと」にこだわるのである。

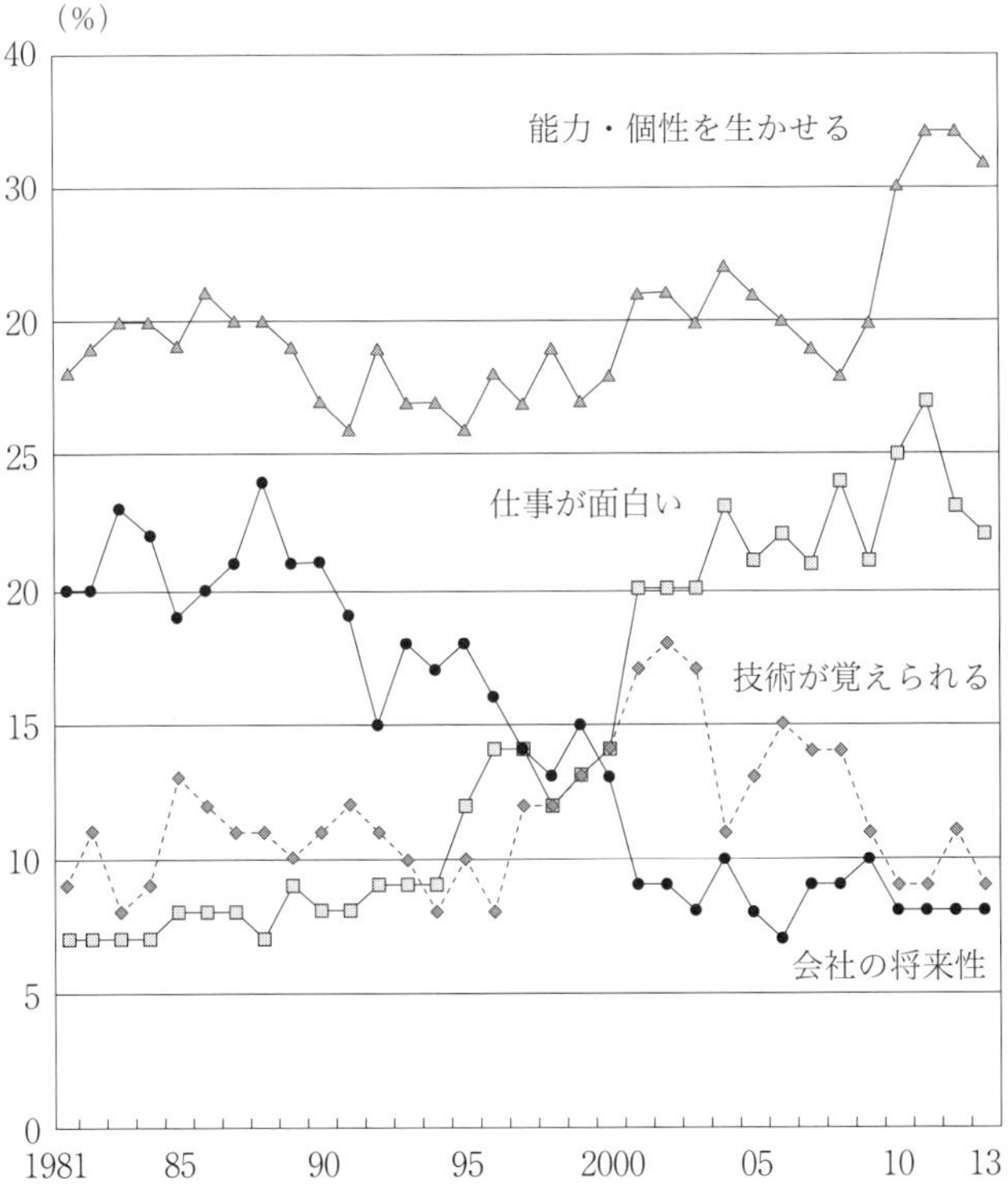

資料：『新入社員の「働くことの意識」調査結果』2013。

図 9-4　新入社員の会社の選択理由

図9-4における、新入社員の「会社選択の理由」の変化は、これを反映したものである。「仕事が面白い」と「会社の将来性」という理由は、九〇

年代後半に逆転しており、両者の乖離は見事なミラーイメージをなしている。「能力・個性を生かせる」は、この図の示す八〇年代以降において一貫してトップで推移してきた動機であるが、近年はとくに顕著に上昇している。「仕事が面白い」や「能力・個性を生かせる」という動機が増えていることは、とりもなおさず若者を中心とする新入社員が、労働過程において何よりもその内容にこだわりを強めているということを示すものである。

4 小括

本書の理論的フレームとそこから派生する現代的諸論点のスタンスから、第二次大戦後の日本における余暇活動・観光の発展過程について、その普遍性と特殊日本的な性格を論じてきた。その結論を一言で言えば「企業中心社会」と揶揄されるような世界史的にみて特殊な社会経済構造が、日本的な余暇活動のあり方を規定してきたということである。それは、労働と余暇活動が、生活の大きな部分において融合して現れるという、それだけを取り出せば資本主義社会の労働過程における疎外をあたかも超越したかのような労働者の社会心理状況を生み出した。しかし、その「超越」は、なによりも伝統的共同体意識の強度の残存という歴史的な後進性を基盤に形成されたものであり、したがって「企業中心社会」が目指した近代化プロセス、すなわち「追いつけ追い越せ近代化」プロセスそのものが自らの解体を必然化するかりそめの「超越」であった。この漸次的な解体過程において、労働過程の変化が「前門の虎」であったとすれば、余暇欲求と余暇活動が「後門の狼」とも言える重大な役割を演じてきた。

もちろん、だからと言って、「やりがい」が失われつつある労働過程に対して、余暇・観光が現代の生活疎外から解放されたパラダイスゾーンという訳ではない。なぜなら、自由時間もまた市場の荒波に翻弄される傾向を常に避けられないのであり、市場原理の自由時間への浸透は、一面で人々の「自由」な活動を発展させるとともに、他面では一見自由意思において行われている諸活動においても、「競争の強制法則」（『資本論』）に伴う疎外・諸矛盾を発展させ、不断に余暇活動のあり方を攪乱するからである。

そうした諸課題を孕みながらも、人間疎外の深化の一方で、余暇活動における自発的な実践的経験は、必然的に労働過程のあり方そのものを問う社会的意識を成長させずにはおかない。それは、いまや現代日本社会のあり方を根本から問いかけるほどのものとなっており、余暇活動の発展は、労働と並ぶ生命活動の一方の柱として、今後もこれまでにも増して、社会変革の帰趨を決定する基本的なアクターの役割を果たしていくことになろう。

主要参照文献

Clark, J. & Critche, C., *The Devil Makes Work: Leisure in Capitalist Britain*, Macmillan, 1985.

Haworth, J.T. & Veal, A.J.,*Work and Leisure*, Routledge, 2004

Parker, S. R., *Leisure and Work*, George Allen & Unwin (Publishers) Ltd, 1983

Rojek, C., *The work-leisure relationship in leisure studies*. (Haworth, J.T. & Veal, 2004)

———, *The Labour of Leisure*, Sage, 2010

Wood, S., *The Transformation of Work? Skill, flexibility and the labour process*, Unwin Hyman, 1989

Zweig, F., *The British Worker*, A Perican Book, 1949

赤堀邦雄『価値論と生産的労働』三一書房、一九七一

荒井政治『レジャーの社会経済史』東洋経済新報社、一九八九

有井行夫『マルクスはいかに考えたか―資本の現象学』桜井書店、二〇一〇

アリストテレス『形而上学』（上下）出隆訳、岩波書店、一九五九（Aristotelis Metaphsica）

アンデルセン『ポスト工業経済の社会的基礎』渡辺雅男・景子訳、桜井書店、二〇〇〇（Andersen・G･S, *Social Foundations of Postindustrial Economies*, Oxford University Press 1999）

内田義彦『作品としての社会科学』岩波書店、一九八一

家永三郎『日本道徳思想史』岩波書店、一九五四

池上惇『管理経済論』有斐閣、一九八四

飯盛信男『日本経済の再生とサービス産業』青木書店、二〇一四

———『サービス経済の拡大と未来社会』桜井書店、二〇一八

石川弘義編著『余暇の戦後史』東京書籍、一九七九

稲葉三千男『マスコミの総合理論』創風社、一九八七

岩田正美『現代の貧困』筑摩書房、二〇〇七
大沢真理『企業中心社会を超えて』時事通信社、一九九三
大橋昭一「ホワイトカラー労働論の国際的諸潮流」（笹川儀三郎・石田和夫編『現代企業のホワイトカラー労働（下巻）』所収、大月書店、一九八四
――『観光の思想と理論』文眞堂、二〇一〇
――他編著『現代技術と企業労働』ミネルヴァ書房、一九七八
大森和子他『家事労働』光生館、一九八一
尾関周二『言語と人間』大月書店、一九八三
――『遊びと生活の哲学：人間的豊かさと自己確証のために』大月書店、一九九二
――『現代コミュニケーションと共生・共同』青木書店、一九九五
金子ハルオ『生産的労働と国民所得』日本評論社、一九六六
――『サービス論研究』創風社、一九九八
角田修一『生活様式の経済学』青木書店、一九九二
ガルブレイス『不確実性の時代』都留重人監訳、ＴＢＳブリタニカ、一九七八（Galbraith, J.K. *The Age of Uncertainty* Houghton Mifflin. 1977）
川北稔編『「非労働時間」の生活史』リブロポート、一九八七
姜尚中『悩む力』集英社、二〇〇八
基礎経済科学研究所編『人間発達の経済学』青木書店、一九八二
グラムシ『知識人と権力：歴史的-地政学的考察』上村忠男編訳、みすず書房、一九九九（Gramsci, A. *Alcuni temi della quistione meridional,* Giulio Einaudi editor, 1975）
国民生活審議会（第一三次）『個人生活優先社会をめざして』（基本政策委員会中間報告）、経済企画庁、一九九一
コルバン『レジャーの誕生（新版）』（上下）渡辺響子訳、藤原書店、二〇〇〇（Alain Corbin, *Làvenement des Loisirs*（1850-1960）, Aubier (Paris)—Laterza (Rome), 1995）
斎藤重雄『サービス論体系』青木書店、一九八六
芝田進午『人間性と人格の理論』青木書店、一九六一

――『増補　現代の精神的労働』三一書房、一九六九
――『教育労働の理論』青木書店、一九七五
――『芸術的労働の理論』（上下）青木書店、一九八三
ショア『浪費するアメリカ人―なぜ要らないものまで欲しがるか』森岡孝二訳、岩波書店、二〇一一（Schor, J.B. *The Overspent American: Upscaling, Downshifting*, And the New Consumer, Perseus Book, 1998）
スミス『道徳感情論』水田洋訳、岩波書店、二〇〇三（Smith. A, *The Theory of Moral Sentiments*. 1759）
――『諸国民の富』大内兵衛・松川七郎訳、岩波書店、一九五九（*An Inquiry into the Nature and Causes of the Wealth of Nations*, 1776）
鈴木和雄『接客サービスの労働過程論』御茶の水書房、二〇一二
セリエ『現代社会とストレス』杉靖三郎・田多井吉之介・藤井尚治・竹宮隆訳、法政大学出版局、一九八八（Selye, H. *The Stress of Life revised edition*. The McGraw-Hill Companies, 1984）
頭川博『資本と貧困』八朔社、二〇一〇
橘木俊詔『企業福祉の終焉』中央公論新社、二〇〇五
角山榮『時計の社会史』中央公論社、一九八四
――他編著『産業革命と民衆』河出書房新社、一九九二
デュマズディエ『余暇文明へ向かって』中島巖訳、東京創元社、一九七二（Dumazedier J. *Vers Une Civilsation du Loisir*, Editions du Seuil. 1962）
――『レジャー社会学』寿里茂・牛島千尋訳、社会思想社、一九八一（*Sociology empirique du loisir*, Editions du Seuil, 1974）
戸坂潤「娯楽論―民衆の娯楽・その積極性と社会性」『唯物論研究』第五八号、一九三七
ドラッカー『断絶の時代』上田惇生訳、ダイヤモンド社、二〇〇七（P.F. Drucker, *The Age of Discontinuity, Harper & Row*. Publishers. Inc. 1968）
――『ポスト資本主義社会―二一世紀の組織と人間はどう変わるか』上田惇生・佐々木実智男・田代正美訳、ダイヤモンド社、一九九三（*Post-Capitalist Society*, Harper Business. 1993）
永井潔『芸術論ノート』新日本出版社、一九七〇
中野徹三『マルクス主義の現代的探求』青木書店、一九八一

仲正昌樹『ポスト・モダンの左旋回』作品社、二〇一七
二宮厚美「マルクス経済学からみた社会サービス労働」新日本出版社、二〇一四（月刊『経済』二〇一四・五所収）
ハーヴェイ『新自由主義』渡辺治監訳、作品社、二〇〇七（Harvey, D., *Neoliberalism*, 2005）
――――『ポストモダニティの条件』吉原直樹監訳、青木書店、一九九九（*The Condition of Postmodernity: An Enquiry into the Origins of Cultural Change*, Blackwel, 1992）
パーカー『労働と余暇』野沢浩・高橋祐吉訳、産学社、一九七五（Parker, S. R. , *The Future of Work and leisure*, Granada Publishing Limited, 1971）
橋本勲「サービス」（『経済学辞典第二版』所収）岩波書店、一九七九
パッカード『浪費をつくりだす人々』南博・石川弘義訳、ダイヤモンド社、一九六一（Packard, V., *The Waste Makers*, David Mckay Company, 1960）
――――『人間操作の時代』中村保男訳、プレジデント社、一九七八（*The People Shapers*, Little, Brown and Compan, 1977）
ハーバーマス『コミュニケイション的行為の理論』（上中下）未来社、一九八五（Habermas, J.,*Theorie des Kommunikativen Handelns*, Suhrkamp Verlag, Frankfurt/Main, 1981）
林郁『家庭内離婚』筑摩書房、一九八六
日高六郎監修『マス・レジャー論』紀伊國屋書店、一九六〇
ブラウナー『労働における疎外と自由』佐藤慶幸監訳、新泉社、一九七一（Blauner, R., *Alienation and Freedom: the Factory Worker and His Industry*, The University of Chicago, 1964）
フラスチェ『開かれた時間：余暇と社会についての考察』小関藤一郎訳、川島書店、一九七六（Fourastie, J., *Des Loisire: Pour quoi Fair?*, Editions Casterman, 1973）
フリードマン『細分化された労働』小関藤一郎訳、川島書店、一九五六（Friedman, G., *Le travail en miettes*: Specialisation et loisirs, 1956）
ポストン『時間・労働・支配』白井聡・野尻英一訳、筑摩書房、二〇一二（Poston, M., Time, *Labour, and Social Domination*, Cambridge University Press, 1993）
ホックシールド『管理される心』石川准・室伏亜希訳、世界思想社、二〇〇〇（Hochshild, A.R., *The Managed Heart: Commercialzation of Human Feeling*, University of California Press, 1983）

ヘーゲル『精神現象学』樫山欽四郎訳、平凡社、一九九七（Hegel. G.W.F. *Phanomenologie des Geistes*, 1807）
ベル『脱工業社会の到来』（上下）内田忠夫他訳、ダイヤモンド社、一九七五（Bell, D. *The Coming of Post-industrial Society*, Basic Books, 1976）
前田勇『観光とサービスの心理学』学文社、一九九五
マズロー『人間性の心理学』小口忠彦訳、産業能率大学出版部、一九八七（A.H. Maslow, *Motivation and personality*, Harper & Row, Publishers, Inc. 1954）
三浦展『第四の消費』朝日新聞出版、二〇一四
宮沢賢治『農民芸術概論綱要』（一九二六）筑摩書房、一九九五
ミルズ『ホワイト・カラー―中流階級の生活探求』杉政孝訳、東京創元社、一九五七（Mills, C.W. *White Collar: The American Middle Class*, Oxford University Press, 1951）
三輪卓己『知識労働者の人的資源管理』中央経済社、二〇一五
モア『ユートピア』平井正穂訳、岩波書店、一九五七（T. More, *Libellus vere aureus, nec minus salutaris quam festivus, de optimo rei publicae statu deque nova insula Utopia*, 1516）
望田幸男・大西広『ゆらぐ大人＝男性社会―世紀末の若者と女性』有斐閣、一九九二
森岡孝二『企業中心社会の時間構造』青木書店、一九九五
山口正之『現代社会と知識労働』新日本出版社、一九七二
――『社会革新と管理労働』汐文社、一九七五
山田良治『開発利益の経済学―土地資本論と社会資本論の統合』日本経済評論社、一九九二
山本広太郎『差異とマルクス』青木書店、一九八五
余暇開発センター編『時間とは幸せとは：自由時間政策ビジョン』通商産業調査会出版部、一九九九
吉田和夫・大橋昭一監修『基本経営学用語辞典（改訂版）』同文館出版、二〇一五
ルフェーブル『日常生活批判序説』現代思想社、一九六八（H. Lefebvre, *Critique de La Vie Quotidienne*, L'Arche Editeur.）
レーニン『ロシアにおける資本主義の発達』邦訳『レーニン全集』第三巻、大月書店、一九五四（原著、一八九九）
――『戦闘的唯物論の意義について』同右、第三三巻（原著、一九二二）
ロルドン『なぜ私たちは喜んで資本主義の奴隷になるのか』杉村昌昭訳、作品社、二〇一二（Lordon, F. *Capitalisme, d sir et servitude* :

Marx et Spinoza, La Frabrique editions, 2010)

あとがき

本書は、単独で上梓したものとしては、私にとって五冊目の著作である。前四作の書名は、公刊順に『戦後日本の地価形成―理論と分析』、『開発利益の経済学―土地資本論と社会資本論の統合』、『土地持家コンプレックス―日本とイギリスの住宅問題』、『私的空間と公共性―資本論から現代をみる』というものであった。一見してわかるように、これら四冊はジャンルとしては土地所有・空間論に属するものであり、その点からすると今回の著書との直接的な関係性は見えない。しかし、実は、これらの積み重ねがなければ、本書が日の目を見ることはなかった。この点を含めて、この際、本書誕生の経緯を簡単に記しておきたい。

最初の三作は、理論的には住宅地代を含む都市地代論の確立と、その社会的検証に関わる研究である。この問題についての当時の代表的な諸見解は、『資本論』第三巻第六編（いわゆる地代論）の無理なアナロジーか、逆に地代論からの離脱のいずれかに陥っていた。そこで、差額地代と絶対地代という二範疇を、利用独占と所有独占という土地所有の本質（二重独占）に還元し、それぞれのテーマとなっている社会現象を、資本の運動の現象形態という観点から把握し分析したものである。

第四作目（『私的空間と公共性』）も、基本的には空間論である。しかし、主たる考察対象がとくに景観まちづくりの評価にあったことから、労働を含む各種実践活動と美意識の生成・発展との関係という観点が加わった。本書で引用した『経哲手稿』の言葉で言えば、私的所有の集積としての集合空間を「非有機的身体」として明確に意識する諸関係の発展として、公共性や景観問題を認識することである。

本書は、以上の研究成果を方法論的に引き継いでいる。すなわち、第一に、『資本論』の内容に立脚した上で、その論理の延長上に課題が求める「概念装置」（内田義彦、一九八一）を必要に応じて準備すること（本書の場合は労働の「循環的規定」や「精神的財貨」など）、第二に、景観論等に焦点を当てた主体と意識の関係を、人間の生命活動一般、すなわち労働一般と余暇活動一般に拡張することである。しかし、それにしても、この企ては、細分化された専門領域に閉じこもりがちな日本の研究者の一般的な常識からすれば、かなりの飛躍に見えるかも知れないし、実際簡単なことではなかった。そこに踏み出す上では、次のようないくつかの具体的な「必要」があった。

第一に、私が勤務する和歌山大学では、「観光立国」が叫ばれる中で、国立大学として初めてとなる観光学部を設置した。それに伴って私自身が経済学部から観光学部に移動し、とくに大学院（博士前期・後期）の設置に当たっては、設置申請に責任を負う立場となった。この準備過程で、世界の大学における観光教育の状況を調査するとともに、観光を含む余暇活動に関する研究にも接することとなった。第四作目における景観まちづくりへのアプローチも観光研究の一環をなすが、観光という「世界最大のサービス産業」（前田、一九九五）への接近は、さらにサービス経済論をも射程に入れる必要性を大きくした。

第二に、そんな折り、二〇一四年に、飯盛信男氏から上梓されたばかりのご著書『日本経済の再生とサービス産業』が届けられた。飯盛氏がサービス経済論争の旗手のお一人であることはもちろん承知していたが、一面識もない私へのご配慮には正直驚いた。私のまったく勝手な推測であるが、私が二作目で展開した、固定資本の流通に関する議論に共感していただいた上で、私にも「サービス経済論争」に参加せよというメッセージと受け取った。ところが、昨年の春に役員職を辞し、ようやく本格的に研究活動を復活させた矢先に、突然の訃報に接することとなった。本書の内容は必ずしもご期待に添うものとならなかったかも知れないが、生前に私なりの研究成果をお返しできなかったことが悔やまれる。

この作業に一段落が着いた今、改めて強く感じたのは次の二点である。

第一に、マルクス自身が「私はマルクス主義者ではない」と言ったという有名な話があるが、マルクス生誕二〇〇年の節目を迎えた今日、「マルクス主義」とは何かということの認識が、これまでにも増して問われているように思う。固定観念は科学的思考の敵である。第二に、固定観念から離脱する思考力は、日常生活における対自的で批判的な諸実践においてこそ試され鍛えられる。この点に反対する人はほとんどいないと思うが、昨今話題に事欠かないハラスメント行為等と同様に、問題は、自分がそれに該当している人ほど自分の問題とは思わないことである。自分自身もまた、そうならないための日常的な意識的努力の必要を痛感する。

最後になるが、カバーと挿絵に用いられたスケッチ画は、小学校以来の旧友である岩本和子さんの作品である。本書のともすれば難解かつ殺風景な内容を和らげてくれた。また、多忙な中「哲学勉強会」に付き合ってくれた和歌山大学観光学部の教員及び院生、笑顔でサポートしてくれた和歌山大学国際観光学研究センターのスタッフ、並びに原稿のモニター役を引き受けてくれた学部学生、それぞれの皆さんの支えと協力がなければ、本書の上梓には至らなかった。そして、前三作に引き続いて、今回も忍耐強くお付き合いいただいた日本経済評論社の清達二さん、皆さんに感謝あるのみである。

（補記）＊本書は、科研費（二〇一七〜一九年度基盤研究C「知識労働とレジャー・観光行動高度化との相互関係に関する日英比較研究」）に基づく研究成果の一部である。

＊本書の内容は、大部分は書き下ろしであるが、以下の二本の論文からの転用を一部含んでいる。

「現代資本主義とレジャー・観光―日本的眺望」、『観光研究の高度化・国際化推進による次世代型観光モデル創出プロジェクト報告書』和歌山大学観光学部・観光学研究科、二〇一四

「労働・レジャー関係の今日的局面」、『観光学』第一八号、和歌山大学観光学会、二〇一八

人名索引

［ら行・わ］

[た行]

[な行]

[は行]

[ま行]

[や行]

［さ行］

事項索引

著者紹介

山《やま》田《だ》良《よし》治《はる》

和歌山大学名誉教授．1951 年大阪市生まれ．京都大学経博・農博．

主著に『戦後日本の地価形成』（ミネルヴァ書房，1991 年），『開発利益の経済学』（日本経済評論社，1992 年），『土地・持家コンプレックス』（同，1996 年），『私的空間と公共性』（同，2010 年）．

http://wakayama-u.ac.jp/~yamada/

知識労働と余暇活動

2018 年 9 月 25 日　第 1 刷発行

定価（本体 2600 円＋税）

著　者　山　田　良　治
発行者　柿　﨑　　均
発行所　株式会社 日本経済評論社

〒101-0062 東京都千代田区神田駿河台 1-7-7
電話 03-5577-7286　FAX 03-5577-2803
E-mail：info8188@nikkeihyo.co.jp
振替 00130-3-157198

装丁・渡辺美知子　　印刷・文昇堂／製本・高地製本

落丁本・乱丁本はお取り換え致します　　Printed in Japan

© Yamada Yoshiharu 2018

ISBN978-4-8188-2508-6 C3033

・本書の複製権・翻訳権・上映権・譲渡権・公衆送信権（送信可能化権を含む）は，㈱日本経済評論社が保有します．
・JCOPY〈㈳出版者著作権管理機構 委託出版物〉
・本書の無断複写は著作権法上での例外を除き禁じられています．複写される場合は，そのつど事前に，㈳出版者著作権管理機構（電話 03-3513-6969，FAX03-3513-6979，e-mail:info jcopy.or.jp）の許諾を得てください．

行政記録と統計制度の理論
―インド統計改革の最前線から―　岡部純一　本体6800円

中村政則の歴史学
浅井・大門・吉川・永江・森編著　本体3700円

日本の百貨店史　谷内正往・加藤諭著　本体4600円

オルテス国民経済学
G. オルテス／藤井盛夫訳　本体7500円

金融化資本主義―生産なき利潤と金融による搾取―
C. ラパヴィツァス／斉藤美彦訳　本体7800円

日本経済の構造と変遷
武田晴人・石井晋・池元有一編著　本体6800円

地方版エリアマネジメント　上野美咲　本体2500円

協同組合のコモン・センス
―歴史と理念とアイデンティティ―　中川雄一郎　本体2800円

ドイツ歴史学派の研究　田村信一　本体4800円

学歴と格差の経営史―新しい歴史像を求めて―
若林幸男編著　本体7300円

日本経済評論社